그림으로 보는 세계사 1

교과서 속 역사 이야기

교과서 속 역사 이야기
그림으로 보는 **세계사** ①

개정판 1쇄 발행 2022년 3월 10일
개정판 8쇄 발행 2025년 4월 30일

글 김현숙 | **그림** 원혜진 | **감수** 역사사랑

발행인 오형석
편집장 이미현 | **편집** 정은혜 | **디자인** 이희승
발행처 (주)계림북스
신고번호 제2012-000204호 | **등록일자** 2000년 5월 22일
주소 서울시 마포구 창전로 74 여촌빌딩 3층
대표전화 (02)7079-900 | **팩스** (02)7079-956
도서문의 (02)7079-913
홈페이지 www.kyelimbook.com

ⓒ계림북스, 2022
이 책에 실린 글과 그림, 사진의 무단 전재나 복제를 금합니다.

ISBN 978-89-533-3440-3 74900 | 978-89-533-3439-7(세트)

교과서 속 역사 이야기
그림으로 보는
세계사

글 김현숙 | 그림 원혜진 | 감수 역사사랑

계림북스
kyelimbooks

감수의 말

그림을 보며 세계사를 술술 읽는다!

　우리는 인류의 등장 이후로 세계 여러 나라가 활발하게 교류하는 시대에 살고 있습니다. 지구 반대편에서 방금 찍은 동영상을 인터넷으로 볼 수 있고, 다른 나라를 여행하거나 유학을 갈 수도 있죠. 그래서 세계 역사와 문화를 이해하는 것이 더욱 중요해졌습니다.

　세계 역사는 그 양이 아주 방대합니다. 또 낯설고 어려운 역사 용어가 많이 나오지요. 그래서 쉽고 재미있게 공부하는 것이 매우 중요합니다.

　〈그림으로 보는 세계사〉 시리즈는 세계사를 처음 배우는 초등학생 눈높이에 맞게 쓴 역사책입니다. 이 책은 초등 독자가 혼자서도 읽을 수 있게 쓰였습니다. 간결한 제목과 그림으로 풀어 쓴 역사 이야기가 술술 읽힙니다. 따라서 책을 반복해서 여러 번 보기만 해도 고대부터 현대까지 세계사의 전체적인 흐름을 이해할 수 있을 거예요. 더불어 초등학생에게 꼭 필요한 기초 지식뿐만 아니라 중학교 세계사 공부의 기초를 탄탄히 다질 수 있습니다.

　책은 우리가 직접 체험해 보지 못한 것을 간접적으로 경험해 볼 수 있게 해 줍니다. 따라서 이 책에 담긴 지식을 학생들이 자신의 것으로 만든다면, 이미 세계를 한 번 체험해 본 것이나 다를 것이 없습니다. 앞으로 세계 여러 나라들이 더욱 긴밀하게 연결된 지구에서 살아갈 우리 학생들이 〈그림으로 보는 세계사〉를 읽고 보다 나은 미래를 고민해 볼 수 있기를 바랍니다.

역사사랑(전국역사교사모임 내 연구모임)

차례

인류의 등장과 문명의 발생

- 지구가 생겨나고 생명체가 나타났어요 ········ 12
  - 초록별 지구가 탄생했어요
  - 맨 처음 지구에는 사람이 살지 않았어요
  - 아주 먼 옛날 공룡이 살았어요
  - 아프리카에 나타난 인류의 조상

세계사 속 한국사 ········ 18
우리나라에서도 인류 화석이 발견되었어요

  - 두 발로 서고 걸으면서 똑똑해졌어요
  - 앗, 뜨거워! 인류가 불을 사용했어요

- 자, 떠나자! 먹을 것을 찾아서 ········ 22
  - 채집과 사냥으로 먹을 것을 구해요
  - 동굴에서 살았어요
  - 동물 뼈로 집을 지었어요
  - 구석기인들이 도구를 만들었어요

세계사 속 한국사 ········ 28
경기도에서 찾은 주먹 도끼

  - 구석기인들은 멋진 예술가예요

- 신석기인들은 농사를 짓고 가축을 키웠어요 ········ 32
  - 돌을 갈아서 간석기를 만들었어요
  - 한곳에서 농사를 지었어요
  - 음식을 토기에 담았어요
  - 내 것과 네 것을 구분했어요
  - 커다란 돌을 세웠어요

- 내 고향은 멋진 도시라고요! ········ 41
  - 강 주변에 생긴 도시 국가
  - 사람들은 무슨 일을 했을까요?
  - 문자와 청동기를 만들었어요
  - 문명이 뭐예요?

세계사 놀이터 잘못된 부분 찾기 ········ 46

메소포타미아와 이집트 문명 지역을 차지한 페르시아

- 메소포타미아는 세계 첫 문명 ········ 50
  - 강을 끼고 문명이 생겨났어요
  - 생겨났다 사라지는 나라들
  - 수메르 인이 바퀴를 처음 사용했어요
  - 커다란 신전을 세웠어요

- 법으로 나라를 다스렸어요
- 눈에는 눈, 이에는 이

• **이집트에서 미라를 만들었어요** ············ 58
- 이집트의 선물, 나일 강
- 강력한 힘을 가진 파라오
- 죽은 사람들을 위한 안내서
- 이집트 인들이 좋아하는 직업 1위
- 남자처럼 꾸민 여자 파라오

세계사 속 한국사 ············ 64
우리나라에도 여자 왕이 있었어요

• **페르시아가 서아시아 땅을 차지했어요** ············ 65
- 아시리아가 서아시아를 통일했어요
- 페르시아가 다시 서아시아를 통일했어요
- 넓은 땅을 잘 다스렸어요

세계사 속 한국사 ············ 69
우리나라에 들어온 페르시아 문화
- 페르시아의 영광을 다시 한 번!
- 조로아스터교를 국교로 정했어요

세계사 놀이터 숨은 그림 찾기 ············ 74

유럽 문화의 바탕이 된 그리스와 로마

• **지중해를 삶의 터전으로** ············ 78
- 에게 해에서 유럽 문명이 탄생했어요
- 트로이 전쟁이 일어났어요
- 폴리스가 생겼어요
- 올림피아 제전으로 하나가 되었어요

세계사 속 한국사 ············ 85
크노소스 궁전 벽화와 고구려 벽화

• **민주 정치가 처음 등장했어요** ············ 86
- 아테네와 스파르타는 영원한 라이벌!
- 시민들이 나랏일을 결정한 아테네
- 독재자를 막기 위해 노력했어요
- 소피스트가 누구예요?

- 그리스와 서아시아 문화를 하나로 묶은
  알렉산드로스 ·········· 94
  - 그리스가 힘이 약해졌어요
  - 알렉산드로스 대왕의 힘
  - 곳곳에 알렉산드리아가 세워졌어요
  - 조각품에 인간의 감정을 불어넣었어요

세계사 속 한국사 ·········· 101
알렉산드로스와 광개토 대왕

- 황제가 다스리는 나라, 로마 ·········· 102
  - 작은 도시 국가에서 출발했어요
  - 평민과 귀족이 조금씩 평등해졌어요
  - 지중해 주변으로 땅을 넓혔어요
  - 그라쿠스 형제가 개혁을 시도했어요
  - 전쟁 영웅 카이사르에 이은 옥타비아누스
  - 게르만족의 침입으로 서로마가 멸망했어요

- 로마의 문화와 크리스트교 ·········· 112
  - 배움을 사랑한 로마 인들
  - 배우고 또 배운 건축 기술
  - 모든 길은 로마로 통한다
  - 로마에 가면 로마법을 따르라!
  - 크리스트교를 국교로 인정했어요

세계사 속 한국사 ·········· 120
로마법 대전과 경국대전

세계사 놀이터 다른 그림 찾기 ·········· 122

인더스 문명과 불교의 탄생

- 인더스 강에서 탄생한 또 하나의 문명 ·········· 126
  - 구운 벽돌로 만든 계획도시
  - 다른 지역과 활발히 교류했어요
  - 아리아 인들이 인도에 왔어요
  - 하늘과 땅에 제사를 지냈어요
  - 네 개의 신분이 있어요

세계사 속 한국사 ·········· 134
카스트 제도처럼 엄격한 신라의 신분 제도, 골품제

- 불교가 탄생하고 널리 퍼져 나갔어요 ·········· 136
  - 브라만교의 차별에 반대했어요
  - 보리수나무 아래에서 깨달았어요

- 인도를 통일한 마우리아 왕조
- 불교로 나라를 평화롭게 다스렸어요
- 불교가 널리 전파되었어요

• 동서 교역로를 차지했어요 ················ 144
- 인도 북쪽을 다시 통일한 쿠샨 왕조
- 나와 남이 함께 깨달아요
- 불상을 만들었어요

세계사 속 한국사 ·························· 149
우리나라까지 전해진 불상 제작 기술

세계사 놀이터 다른 그림 찾기 ········· 150

황허 문명과 중국의 역사

• 황허 강에서 꽃핀 중국 문명 ············ 154
- 중국에서 문명이 발생했어요
- 상나라가 중국 최초의 국가로 인정받았어요
- 점을 쳐서 나랏일을 결정했어요

세계사 속 한국사 ·························· 159

고구려와 신라에 순장이 있었어요

• 하늘의 명령보다 사람이 더 중요해요 ········ 160
- 하늘의 뜻에 따라 세워진 주나라
- 봉건제가 뭐예요?
- 철기를 사용했어요
- 혼란스러운 나라에 인재가 필요해요

• 진시황제, 하나 된 중국을 위하여 ········ 168
- 엄격한 법으로 다스렸어요
- 단위를 하나로 통일했어요
- 진시황제에게 불만이 생겼어요

• 중국의 문화가 발전했어요 ················ 174
- 유방이 중국을 다시 통일했어요
- 무제가 한나라를 전성기로 이끌었어요
- 중국의 비단이 로마까지
- 유교를 열심히 공부했어요
- 채륜이 새로운 방법으로 종이를 만들었어요

세계사 놀이터 빈칸에 알맞은 이름 쓰기 ········ 183

세계사 놀이터 정답 ······················· 184

〈부록〉 세계사 연표

아주 먼 옛날, 인류가 지구에 처음 등장하고부터 역사가 시작되었어요. 역사란 옛날 사람들이 남긴 일기 같은 거예요. 그런데 글자가 없을 때는 어떤 일이 있었는지 기록으로 남길 수 없었어요. 그 대신 당시 사람들이 남긴 유물과 유적을 통해서 생활 모습을 알 수 있지요. 이를 선사 시대라고 해요. 그럼 시계를 거꾸로 돌려서 지구가 탄생하던 순간부터 인류가 등장하고 문명이 탄생할 때까지의 세계 역사를 살펴볼까요?

인류의 등장과 문명의 발생

지구가 생겨나고 생명체가 나타났어요

초록별 지구가 탄생했어요

우리가 사는 지구는 약 46억 년 전에 생겨났어요. 그런데 지구의 처음 모습은 지금과 무척 달랐답니다. 여기저기에서 화산이 계속 폭발했어요. 뜨거운 용암을 뒤집어쓴 지구는 몹시 뜨거웠지요. 그래서 어떤 생명체도 살 수 없었어요. 까마득한 시간이 흐르면서 지구에 변화가 찾아왔어요.

인류의 등장과 문명의 발생

차츰 지구를 뒤덮은 용암이 식었어요. 지구의 기온이 내려가 수증기가 생겼어요. 이 수증기가 하늘로 올라가 비를 뿌리면서 바다가 생겨났지요. 용암이 식어서 단단해진 곳은 육지가 되었고요. 한참이나 시간이 흘러 이제 지구는 생명체가 생겨날 수 있는 곳이 되어 갔어요. 그런데 지구에서 첫 생명체가 나타난 곳은 땅이 아니라 바다였어요.

맨 처음 지구에는 사람이 살지 않았어요

그 무렵 지구는 하늘에 오존층★이 없었어요. 그래서 태양빛에 섞인 해로운 자외선이 내리쬐었어요. 산소도 모자랐지요. 그러다가 바다에서 처음으로 세포 하나로 이루어진 세균이 나타났어요. 이것이 광합성★을 하는 식물로 변해 갔지요. 그러자 햇빛과 물, 산소가 많아져 마침내 동물이 살 수 있게 되었어요. 바다 생물들은 차츰 땅으로 가기 시작했어요.

★오존층 땅에서 20~25킬로미터 위에 있는 공기층이에요. 사람이나 생물에 해로운 태양의 자외선을 막아 주지요.
★광합성 녹색 식물이 햇빛을 받아 생명 활동에 필요한 에너지를 얻는 일로 이때 산소가 만들어져요.

인류의 등장과 문명의 발생

아주 먼 옛날 공룡이 살았어요

아주 긴 시간이 흐르면서 땅에도 여러 동물들이 나타났어요. 그때 동물의 왕은 누구였을까요? 호랑이일까요? 아니에요. 공룡이에요. 2억 년 전쯤 공룡이 살던 때에는 날씨가 지금보다 따뜻하고 땅도 하나로 붙어 있었어요. 그래서 공룡들은 지구 곳곳에 널리 퍼져서 살았답니다. 그런데 공룡들이 사라져 갔어요. 날씨가 점점 추워졌기 때문이죠.

아프리카에 나타난 인류의 조상

약 390만 년 전 인류의 조상이 처음 살던 곳은 아프리카예요. 그곳에서 '남쪽에서 발견된 원숭이'를 뜻하는 오스트랄로피테쿠스가 살았죠. 오스트랄로피테쿠스를 왜 인류의 조상이라고 하냐고요? 두 발로 서서 걸었기 때문이죠. 두 발로 서서 걷기 전에 그들은 울창한 숲 속 나무에서 살았어요. 그런데 오랫동안 비가 오지 않아 기후가 건조해지면서 숲이 사라지고 초원 지대가 되었어요.

우리나라에서도 인류 화석이 발견되었어요

1974년 아프리카의 에티오피아에서 오스트랄로피테쿠스에 속하는 인류 화석이 발견되었어요. 이름은 '루시'라고 해요. 화석을 발굴할 때 흘러나온 영국 가수 비틀즈의 노래 제목을 따서 이름을 지어 주었대요. 이 화석은 키가 120센티미터쯤이고 몸무게는 20~30킬로그램쯤 되는 여자랍니다. 그런데 우리나라에서도 인류 화석이 발견되었다는 사실을 알고 있나요? 북한과 남한에서 모두 발견되었지요. 그중 1983년 충청북도 청원군에 있는 두루봉 동굴에서 발견된 **흥수아이**가 아주 유명해요. 머리부터 발끝까지 뼈가 온전히 남아 있는 채로 발견된 인류 화석이거든요. 이 화석의 이름은 루시와 달리 처음 발견한 김흥수 아저씨 이름을 따서 흥수아이라고 불러요. 이 화석은 구석기 시대에 살았던 것으로 보이는데 5~6살쯤인 어린아이로 **키가 110~120센티미터** 정도예요. 그런데 최근에는 흥수아이에 대해 다르게 주장하는 역사학자도 있어요. 뼈 화석을 과학적으로 분석해 보니 조선 시대에 살았던 아이라는 것이죠. 이 부분은 좀 더 연구가 필요한 것 같아요.

루시 화석

약 350만 년 전에 살았던 가장 오래된 인류 화석이에요.

흥수아이

약 4만 년 전에 살았던 것으로 보이는 인류 화석이에요.

인류의 등장과 문명의 발생

두 발로 서고 걸으면서 똑똑해졌어요

인류는 점점 더 똑바로 서서 걸을 수 있게 되었어요. 이렇게 두 발로 서서 걷는 것을 '직립보행'이라고 해요. 두 발로 서게 되자 생활 모습이 크게 달라졌어요. 먼저 앞발이 자유로워져 손이 되었어요. 손으로 여러 가지 일을 할 수 있게 되었지요. 나뭇가지나 돌덩이를 이용해 식물 뿌리를 캐먹고, 동물을 사냥했어요.

어디 그뿐인가요? 손으로 여러 가지 도구를 만들어 쓰니 환경에 더 잘 적응하게 되었지요. 또 손을 많이 사용해서 점점 더 똑똑해졌어요. 뇌도 커지고 생김새도 달라졌어요. 그 뒤로 시간이 흐르면서 현재 인류의 직접적인 조상인 '호모 사피엔스'가 나타났어요.

앗, 뜨거워! 인류가 불을 사용했어요

아프리카에서 살던 최초의 인류는 유럽과 아시아에서도 살게 되었어요. 비결이 뭐냐고요? 불을 사용하는 법을 터득했기 때문이에요. 불은 인류에게 어떤 도움을 주었을까요?

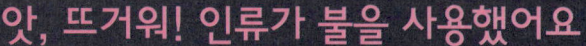

인류의 등장과 문명의 발생

추운 곳에서 가장 필요한 것은 뭐니 뭐니 해도 불이에요. 인류는 불을 이용해 어두운 동굴을 밝히고 추운 곳에서도 살 수 있게 되었어요. 사냥을 할 때도 불을 이용했어요. 먹거리도 달라졌지요. 딱딱한 열매나 질긴 고기를 익혀 먹으니 입에서 살살 녹고 소화도 잘 되었어요.

덤벼, 덤벼 봐!

자, 떠나자! 먹을 것을 찾아서

채집과 사냥으로 먹을 것을 구해요

불을 사용하게 된 인류의 조상들은 주로 무엇을 즐겨 먹었을까요? 바닷가에서는 물고기와 조개류를 먹고, 들판에서는 식물이나 고기를 먹었어요. 그걸 어떻게 알았냐고요? 그때 살았던 인류의 뼈 화석을 분석해 보면 알 수 있답니다.

인류의 등장과 문명의 발생

즐겨 먹는 것은 달라도 구하는 방법은 비슷했어요. 다양한 먹거리를 찾아 모으는 '채집'을 하거나 동물을 잡는 '사냥'을 하는 것이죠. 두 가지 방법 중에, 사냥은 날쌔거나 힘센 동물을 잡아야 했기 때문에 쉽지 않았어요. 그래서 채집을 더 많이 했대요. 그리고 주변에 먹을거리가 떨어지면 새로운 곳으로 옮겨 가면서 살았어요.

동굴에서 살았어요

먹거리를 찾느라 자주 옮기며 살다 보니 지금처럼 튼튼하고 좋은 집에 살지는 못했어요. 그래도 사나운 동물이나 추위를 피해 잠을 자고 쉴 곳은 필요했지요. 아무 때나 들어가 살 수 있고, 안전한 집? 안성맞춤인 곳이 있어요! 바로 동굴이랍니다. 사람들은 동굴에 불을 피워 따뜻하게 지냈어요. 그곳에서 음식을 만들어 먹고 필요한 도구도 만들었지요.

동물 뼈로 집을 지었어요

동굴을 찾다가 못 찾으면 집을 지었어요. 크고 튼튼하지 않아도 그들만의 솜씨로 지은 근사한 집이에요. 집을 지을 때는 주변에서 쉽게 구할 수 있는 나뭇가지, 동물 뼈, 가죽을 썼어요. 자, 매머드 뼈로 만든 집을 상상해 보세요. 이 집은 1만 5천 년 전에 우크라이나에서 만들어졌답니다. 집을 짓는 데 95마리 정도의 매머드 뼈가 들어갔다니 어마어마하지요?

구석기인들이 도구를 만들었어요

사냥을 하고 집을 짓는 데 가장 필요한 것은 '도구'예요. 당시 사람들은 주로 돌을 떼어 내서 만든 뗀석기를 썼어요. 뗀석기는 단단한 돌감을 골라 바닥에 놓인 큰 돌에 내리치거나 양손에 들고 부딪쳐서 만들어요. 이러한 뗀석기를 주로 사용하던 시대를 '구석기 시대'라고 해요.

인류의 등장과 문명의 발생

맨 처음 쓴 뗀석기는 찍개랍니다. 찍개는 돌의 한쪽을 뾰족하게 만들어요. 나무를 찍거나 동물 뼈를 부수는 데 썼지요. 뗀석기 중에는 구석기 시대 만능 도구인 주먹 도끼도 있어요. 왜 만능 도구냐고요? 주먹 도끼 하나만 있어도 땅 파기, 자르기, 나무패기, 가죽 벗기기 등 여러 가지 일을 할 수 있었거든요. 주먹 도끼는 세계 곳곳에서 발견된답니다.

석기 중 가장 오래된 것으로, 약 250만 년 전 아프리카에서 발견된 찍개예요.

영국 켄트에서 나온 주먹 도끼

중국 베이징에서 나온 주먹 도끼

우리나라 경기도 연천에서 나온 주먹 도끼

경기도에서 찾은 주먹 도끼

250만 년 전쯤 구석기인들이 살던 대표적인 곳이 아프리카의 에티오피아예요. 그곳에서 그들이 사용했던 도구인 찍개가 발견되었어요. 이 밖에도 세계 곳곳에서 구석기인들이 살던 흔적을 찾아볼 수 있답니다.

우리나라의 대표적인 구석기 유적지는 어디일까요? **경기도 연천군에 있는 전곡리**예요. 여기에서 구석기 시대 유물을 발견한 사람은 미군 병사였어요. 그는 1978년 어느 봄날 여자 친구와 함께 전곡리에 놀러왔다가 돌멩이 하나를 발견했어요. 그 돌멩이는 바로 **구석기 시대의 유물인 주먹 도끼**였어요. 이 미군 병사는 원래 고고학★을 공부하는 학생이었어요. 그래서 주먹 도끼를 알아본 거예요.

주먹 도끼가 발견된 것이 왜 중요하냐고요? 1978년 무렵 학자들은 우리나라를 비롯한 동아시아 지역에서 주먹 도끼처럼 발달된 도구가 쓰이지 않았다고 생각했어요. 찍개처럼 덜 발달된 도구만 썼을 거라고 생각했지요.

★**고고학** 인류가 남긴 유물이나 유적을 통해 역사를 연구하는 학문을 말해요.

그런데 주먹 도끼가 발견되었으니 깜짝 놀랄 수밖에요. 주먹 도끼를 발견한 덕분에 전곡리는 세계적인 구석기 유적지를 알리는 지도에 표시될 정도로 유명해요. 그리고 지금은 이것을 기념하여 전곡리에 선사박물관도 세웠어요. 이번 주말에 부모님과 함께 전곡리 선사박물관을 찾아가 보는 것은 어떨까요?

구석기인들은 멋진 예술가예요

구석기인들은 동굴 벽에 그림을 그리기도 했어요. 대표적인 곳이 스페인에 있는 알타미라 동굴이에요. 당시 사람들은 동굴에 무엇을 그렸을까요? 상처 입은 것 같은 들소와 달리는 말, 뿔이 높게 솟은 사슴 등이 구불구불한 동굴 벽에 마치 살아 있는 듯 보여요. 그런데 왜 이런 동물들을 그렸을까요? 사냥이 잘되기를 바라는 마음이었을 거예요.

알타미라 동굴 벽화

어디 신성한 그림에 낙서를!

인류의 등장과 문명의 발생

구석기인들은 그림만 그린 게 아니에요. 커다란 가슴에 엉덩이와 배가 툭 튀어나온 돌 조각상도 만들었어요. 솜씨가 정말 좋지요? 이 조각상의 이름은 '빌렌도르프의 비너스'예요. 몸뚱이가 어쩐지 우스꽝스럽다고요? 여자의 몸을 풍만하게 만든 것은 자식을 많이 낳기를 바라는 마음을 담은 거예요. 이와 비슷한 조각상이 유럽 곳곳에서 발견되었어요.

유럽 각지에서 발견된 여인 조각상이에요.

로셀의 비너스
돌니 베스토니체의 비너스
체코
오스트리아
대서양
레스퓌그의 비너스
프랑스
이탈리아
흑해
빌렌도르프의 비너스
지중해
그리말디의 비너스

신석기인들은 농사를 짓고 가축을 키웠어요

돌을 갈아서 간석기를 만들었어요

인류는 아주 오랫동안 뗀석기를 사용했어요. 그러다가 지구 환경이 바뀌면서 새로운 도구를 쓰게 되었지요. 추운 빙하기였던 지구는 차츰 기온이 따뜻해졌어요. 그래서 매머드처럼 털이 많고 커다란 동물들이 사라지고, 작고 날쌘 동물들이 많아졌지요.

인류의 등장과 문명의 발생

작고 날쌘 동물을 잡기 위해서는 화살처럼 작고 정교한 도구가 필요했어요. 그래서 사람들은 돌을 갈아서 새로운 도구를 만들었어요. 돌을 갈아서 만든 도구가 '간석기'예요. 이 간석기를 쓰던 때를 '신석기 시대'라고 해요. 간석기로 돌화살촉, 돌창 같은 사냥용 도구와 돌낫, 돌괭이 등 농사에 필요한 도구도 만들었어요.

한곳에서 농사를 지었어요

구석기인들은 먹을 것을 찾아 이동을 했지요? 그런데 신석기인들은 한곳에 머물러 사는 정착 생활을 했어요. 농사를 짓거나 가축을 길러서 스스로 먹을 것을 생산할 수 있었거든요. 생활에 아주 큰 변화가 일어난 것이죠.
이런 변화를 '신석기 혁명'이라고 해요. 아프리카 남쪽에서 발견된 벽화에는 사람들이 농사를 짓고 가축을 키우는 모습이 잘 표현되어 있어요.

가축을 기르는 모습이 그려진 벽화

인류의 등장과 문명의 발생

신석기인들은 어떤 곡식을 키웠을까요? 사는 곳마다 환경이 달라서 키우는 곡식도 달랐어요. 농사가 처음 시작된 곳으로 알려진 서아시아에서는 밀을 키웠어요. 중국의 남쪽에서는 벼를, 아메리카에서는 옥수수를 키웠고요. 이후 각 곡식들은 점점 퍼져 나가 지금은 다른 지역에서도 쉽게 볼 수 있답니다.

음식을 토기에 담았어요

농사를 지어 많은 곡물을 한꺼번에 거두게 되었어요. 그런데 걱정이 하나 생겼지 뭐예요. 곡식을 한꺼번에 다 먹을 수 없어서 보관할 데가 필요한 거예요. 신석기인들은 흙으로 그릇을 빚고 구워서 곡식을 보관했어요. 이것을 '토기'라고 해요. 신석기인들은 토기에 곡식을 보관하기도 하고 음식을 쪄서 익히거나 죽을 만들어 먹기도 했어요.

선사 시대 토기 — 영국

조가비 토기 — 에스파냐

배 모양 항아리 — 이집트

대서양 / 지중해 / 인도양

인류의 등장과 문명의 발생

토기는 신석기인들이 살던 세계 곳곳에서 발견되었어요. 토기는 지역마다 크기와 모양이 조금씩 달랐어요. 우리나라는 신석기 시대에 주로 빗살무늬 토기를 만들었고, 중국에서는 칠그림 토기를 많이 만들었어요.

내 것과 네 것을 구분했어요

곡식을 거두고 보관하니 이제 식량을 찾아 이동할 필요가 없었어요. 사람들은 농사짓기 좋은 곳에 집을 짓고, 모여 살며 마을을 만들었어요. 오늘날의 터키에서 발견된 마을이 대표적인 곳이에요. 그곳에서는 진흙으로 만든 집이 벌집처럼 다닥다닥 붙어 있어요. 당시 사람들은 지붕에 문을 만들었다고 해요.

본격적으로 농사를 짓기 시작하면서 사람들의 생각과 생활 모습이 조금씩 달라졌어요. 내 것과 네 것을 구분하기 시작한 거예요. 그러면서 재산을 많이 가진 사람과 적게 가진 사람이 생겨났어요. 이에 따라 평등한 공동체의 모습이 점점 사라지게 되었어요.

커다란 돌을 세웠어요

영국 남서부에 있는 솔즈베리라는 평원에는 80여 개의 커다란 돌이 우뚝 서 있어요. 이 유적은 신석기인들이 만든 것으로 추측되는 '스톤헨지'라고 해요. 스톤헨지는 '공중에 걸쳐 있는 돌'이란 뜻이에요. 기둥 돌 두 개가 커다란 돌을 받치고 있어서 마치 돌이 공중에 떠 있는 것처럼 보이지요. 돌은 30~50톤 정도로 아주 무거운데 주변에서 흔히 볼 수 있는 것이 아니에요. 당시 사람들이 바다 건너 아주 먼 곳에서 돌을 옮겨 왔다고 하니 신석기인들의 솜씨가 정말 대단하죠. 그런데 사람들은 왜 스톤헨지를 만들었을까요? 그 이유는 아직까지 확실히 밝혀지지 않았어요. 하늘을 관찰하기 위해, 또는 종교 행사를 하려고 만들었다는 의견이 많아요.

스톤헨지

인류의 등장과 문명의 발생

내 고향은 멋진 도시라고요!

강 주변에 생긴 도시 국가

사람들은 농사를 점점 더 중요하게 여겼어요. 그래서 농사짓기에 좋은 강가에 마을을 이루며 살았지요. 처음에는 홍수가 나면 큰 피해를 입었지만, 서로 힘을 합해 둑을 쌓고 강물이 넘치는 것을 막아냈지요. 덕분에 마을은 살기 좋은 곳으로 발전해 갔어요.

사람들이 모이고 또 모이자 마을이 점점 커졌어요. 드디어 도시 국가가 생겼어요. 도시 국가에 사는 사람들은 생활 모습이 조금씩 달라졌어요.

사람들은 무슨 일을 했을까요?

이제 농사짓는 기술이 발전해서 모두가 농사를 지을 필요가 없었어요. 그래서 더 다양한 직업이 생겼어요. 제사를 지내는 신관, 적의 침입을 막아내는 전사, 물건을 만들어 내는 수공업자, 물건을 파는 상인 등이 있었어요.

도시 국가를 다스리는 왕도 있었어요. 왕은 도시 국가에 거대한 궁전과 신전을 만들었어요. 또 나라를 잘 다스리기 위해 관리를 두고, 외부의 침략을 막기 위해 사람들에게 성벽을 쌓으라고 명령했지요. 그 일들을 하기 위해 세금도 걷었어요. 주로 농민, 상인과 수공업자 들이 세금을 냈어요.

인류의 등장과 문명의 발생

중국 문명의 갑골 문자

인더스 문명의 그림 문자

문자와 청동기를 만들었어요

도시 국가에서는 문자를 만들어 썼어요. 그들은 왜 문자를 만들었을까요? 자신들이 한 일과 거두어들인 세금이 얼마인지 적어 두기 위해서인 것 같아요. 그런데 지역마다 쓰는 문자가 달랐어요. 그중에서 진흙 판에 갈대로 글자를 새긴 쐐기 문자와 사물의 모양을 본떠서 만든 상형 문자가 유명해요.

메소포타미아 문명의 쐐기 문자

이집트 문명의 그림 문자

43

도시 국가가 만들어질 무렵 사람들은 새로운 도구를 만들어 사용했어요. 바로 금속 도구예요. 맨 먼저 사용한 금속은 청동기예요. 청동은 구리에 여러 가지 금속을 섞어 단단하게 만든 거예요. 청동기로 무기나 장신구를 주로 만들었어요.

문명이 뭐예요?

도시 국가에 사는 사람들의 달라진 생활 모습이 느껴지나요? 농사가 잘되는 큰 강 언저리에 모여 살면서 사람마다 하는 일이 나뉘었어요. 또 문자가 발명되고 청동기를 사용했지요. 이렇게 인간이 발전시킨 삶의 모습을 '문명'이라고 해요. 문명이 처음 나타난 곳은 서아시아의 메소포타미아 지역이에요. 그 밖에도 이집트의 나일 강, 중국의 황허, 인도의 인더스 강 유역에서도 문명이 나타났어요.

세계 4대 문명

세계사 놀이터

인류의 첫 조상인 오스트랄로피테쿠스부터 지금 우리 모습과 닮은 청동기 시대 사람이 이어달리기를 하고 있어요. 각자 자기가 쓰던 도구를 다음 시대 사람에게 넘겨주고 있어요. 다음 중 시대에 맞지 않는 도구를 들고 있는 사람을 찾아 ○ 해 보세요.

문명이 탄생하면서 사람들은 문자를 쓰기 시작했어요. 이로써 인류의 역사는 선사 시대에서 역사 시대로 넘어가게 되었지요. 문명이 맨 처음 탄생한 곳은 서아시아에 있는 메소포타미아예요.

메소포타미아 문명은 주변에 있는 이집트 문명과 함께 발전했어요.

그 뒤 두 문명 지역을 차지하고 통일한 나라가 등장했어요. 바로 페르시아 제국이랍니다.

힘센 페르시아 제국이 서아시아 땅을 모두 다스렸어요.

그럼, 메소포타미아와 이집트 문명 지역을 차지한 페르시아에 대해 알아볼까요?

메소포타미아와 이집트 문명 지역을 차지한 페르시아

메소포타미아는 세계 첫 문명

강을 끼고 문명이 생겨났어요

기원전★ 3500년쯤 메소포타미아 지역에서 처음으로 문명이 탄생했어요. 이곳은 지금의 이라크 남쪽이에요. 메소포타미아는 무슨 뜻일까요? 그리스 어로 '두 강 사이의 땅'이에요. 여기서 두 개의 강이란 티그리스 강과 유프라테스 강을 말해요. 주변에 큰 강이 두 개나 있으니 농사짓는 데 필요한 물이 아주 넉넉했겠죠.

★**기원전** 예수가 태어난 해를 기준으로 그 이전은 기원전, 그 이후는 서기라고 해요. 기원전은 숫자가 클수록 먼 과거를 말해요.

메소포타미아와 이집트 문명 지역을 차지한 페르시아

그런데 이 지역 사람들에게는 걱정이 있었어요. 봄에는 홍수가 나서 강물이 넘치고, 여름과 가을에는 비가 오지 않아서 가뭄이 들었거든요. 그래서 사람들은 힘을 합해 물길을 만들고 가뭄에 대비하여 저수지도 만들었어요. 이런 노력 덕분에 농사짓기에 좋은 땅을 일궜고, 그곳에서 세계 첫 번째 문명이 탄생했어요.

생겨났다 사라지는 나라들

메소포타미아 사람들에게는 걱정거리가 또 하나 있었어요. 그곳이 아시아와 아프리카가 만나는 길목이고 사방이 탁 트여서, 주변 민족들이 쉽게 쳐들어왔기 때문이에요. 그래서 전쟁이 자주 일어나고 여러 나라가 생겨났다 사라졌어요. 그중에 수메르 인이 세운 우르와 바빌로니아가 있었어요.

메소포타미아와 이집트 문명 지역을 차지한 페르시아

수메르 인이 바퀴를 처음 사용했어요

메소포타미아 문명을 세운 첫 주인공은 수메르 인이에요. 그들은 인류가 살아가는 데 필요한 36가지를 발명했어요. 예를 들면 도시, 학교, 화폐, 달력, 바퀴 등이 있어요. 정말 대단하지요? 그중 대표적인 것이 바퀴예요. 바퀴를 이용해 무거운 물건들을 큰 힘을 들이지 않고 한꺼번에 옮길 수 있게 되었어요. 바퀴가 사용된 것을 어떻게 알 수 있냐고요? 수메르 인이 남긴 유물에 그 모습이 그려져 있거든요.

수메르 인이 만든 깃발 우르의 깃발 부분이에요.

커다란 신전을 세웠어요

메소포타미아 사람들은 홍수나 가뭄 같은 자연재해나 전쟁이 언제 일어나는지 알고 싶었어요. 그들은 그것을 신에게 물어보았어요. 신이 인간에게 일어나는 모든 일을 다스린다고 여겼기 때문이에요. 메소포타미아 사람들이 믿는 대표적인 신으로는 태양신과 달의 신이 있어요. 그밖에도 3,000여 종류의 신이 있었어요. 이렇게 많은 신을 믿는 형태를 '다신교'라고 해요.

지구라트

메소포타미아의 지구라트

풍년이 되게 해 주소서!

메소포타미아와 이집트 문명 지역을 차지한 페르시아

메소포타미아 사람들은 신을 잘 섬기기 위해 도시 국가마다 지구라트라는 큰 신전을 세웠어요. 지구라트는 도시 한가운데에 진흙으로 만든 벽돌로 높게 쌓아 올렸지요.

법으로 나라를 다스렸어요

"…정의를 빛내고 강한 자가 약한 자를 괴롭히지 못하게 하며, 악한 자를 멸망시키기 위하여…."

이 글은 함무라비 법전에 있는 내용이에요. 함무라비는 메소포타미아 지역에 세워진 바빌로니아라는 나라의 왕이랍니다. 그는 나라를 잘 다스리기 위해 이 지역에 전해지는 여러 법을 정리해서 하나로 모아 돌기둥에 새겼어요. 이때 새겨진 법조항은 무려 282개나 되었어요. 그렇게 해서 만든 것이 함무라비 법전이에요. 돌기둥이 높이가 2미터쯤 되니 여러분보다 키가 훨씬 크죠.

함무라비 법전이 새겨진 돌기둥

귀족이 귀족의 이를 상하게 하였으면 그의 이를 뽑는다.

메소포타미아와 이집트 문명 지역을 차지한 페르시아

눈에는 눈, 이에는 이

함무라비 법전 하면 '눈에는 눈, 이에는 이'라는 말이 가장 잘 알려져 있어요. 잘못을 저지르면 똑같은 방법으로 죗값을 치른다는 뜻이에요. 예를 들어 귀족이 귀족의 눈이나 이를 다치게 하면 똑같은 고통을 주었어요. 그러나 귀족이 평민의 눈을 다치게 하였거나 뼈를 부러뜨리면 은을 주고, 노예에게 그랬다면 그는 노예 몸값의 반만 치르면 되었어요. 이렇듯 죄는 같아도 신분에 따라 다른 벌을 받았어요.

이집트에서 미라를 만들었어요

이집트의 선물, 나일 강

이집트 사람들의 생활 터전은 나일 강이에요. 나일 강은 다른 문명 지역에 있는 강들과 조금 달랐어요. 강물이 넘치고 빠지는 시기가 일정해서 홍수에 잘 대비할 수 있었어요. 특히 물이 빠진 뒤에는 땅이 더욱 비옥해져 농사짓기에 아주 좋았어요. 그래서 나일 강을 이집트의 선물이라고 부른답니다.

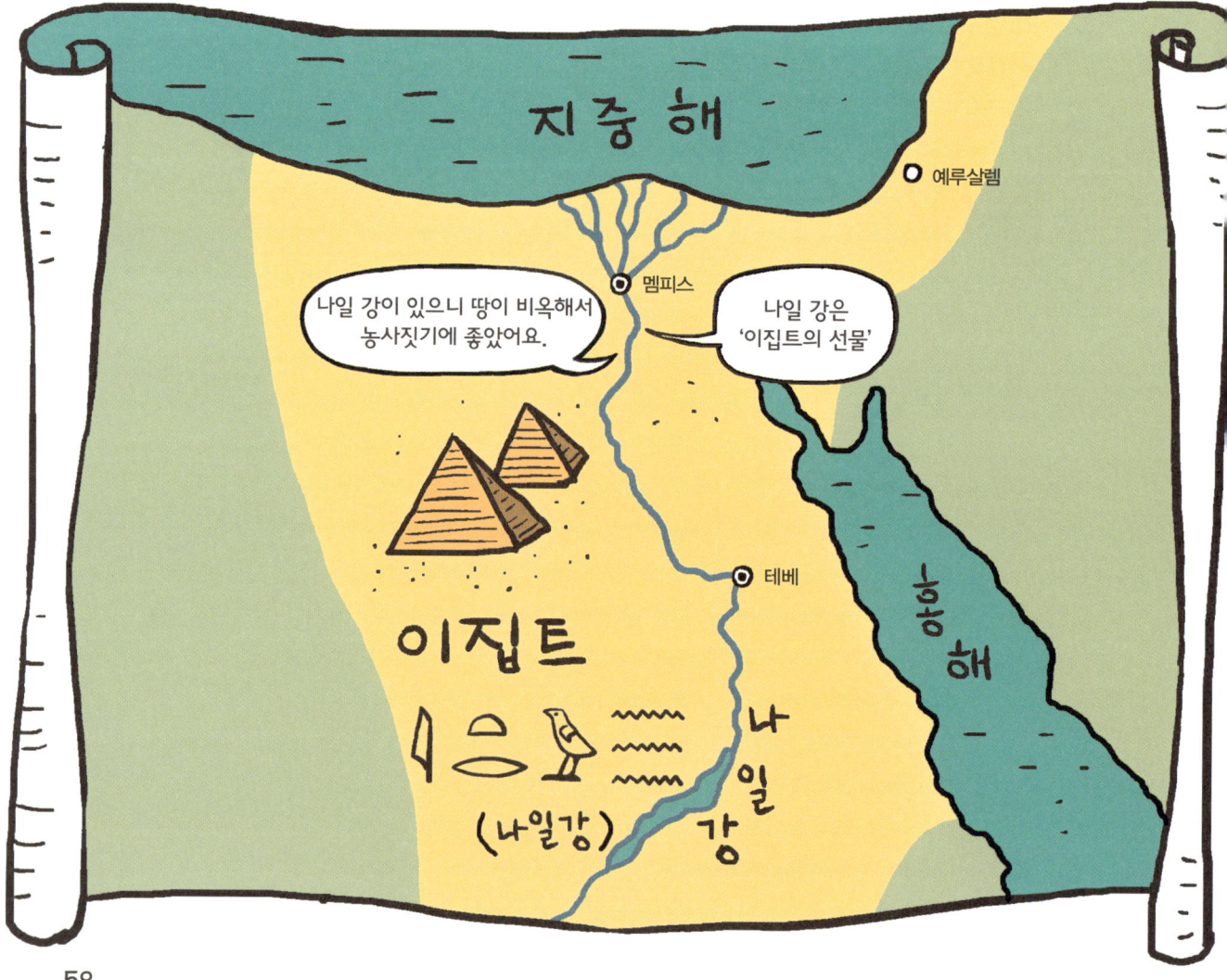

메소포타미아와 이집트 문명 지역을 차지한 페르시아

강력한 힘을 가진 파라오

이집트를 다스린 사람은 '파라오'예요. 파라오는 어떤 모습이었을까요? 화려한 왕관을 쓰고 가짜 턱수염도 달았네요. 이집트 사람들은 파라오를 태양신의 아들이라고 생각했어요. 그래서 나일 강이 넘치는 것까지 조절할 수 있다고 생각했어요. 파라오는 정치와 종교를 함께 담당했는데 그 누구도 그의 힘에 도전할 사람이 없었어요.

죽은 사람들을 위한 안내서

나일 강은 해마다 물이 넘치고 빠지기를 반복하면서 새로운 생명을 탄생시켰어요. 이를 지켜본 이집트 인들은 사람의 죽음도 이와 비슷하다고 여겼어요. 죽음은 영혼이 잠시 몸을 떠나는 것이며, 언젠가 영혼이 다시 돌아온다고 믿었어요. 영혼이 돌아오려면 몸을 잘 보관해야겠죠? 그래서 죽은 사람의 몸을 미라로 만들었어요. 심지어는 고양이도 미라로 만들었어요.

메소포타미아와 이집트 문명 지역을 차지한 페르시아

미라와 함께 '사자의 서'도 만들었어요. 거기에는 사람이 죽으면 간다고 믿는 세계가 소개되어 있어요. 또한 그곳을 여행하는 동안 겪게 되는 어려움과 이를 극복하는 방법, 오시리스 신의 심판을 통과할 수 있는 주문이 쓰여 있어요. '사자의 서'는 파라오의 미라와 함께 피라미드에 보관되었어요.

★**사자의 서** 사람이 죽은 뒤에 가는 세계에 대해 안내하는 글을 말해요.
★**오시리스 신** 죽은 사람이 생전에 죄를 지었는지 심판하는 신이에요. 이집트 사람들은 오시리스 신의 심판을 통과하면 영원히 살 수 있다고 믿었어요.

'사자의 서' 가운데 죽은 자의 고백

스핑크스와 피라미드

나는야, 왕의 힘을 보여 주는 스핑크스!

이집트 인들이 좋아하는 직업 1위

이집트에서 가장 인기 있는 직업은 서기관이에요. 서기관은 읽고 쓸 줄 알며, 문자로 기록을 남기는 일을 했어요. 서기관이 왜 인기가 많았냐고요? 서기관이 되면 높은 관직에 나갈 수 있었기 때문이에요. 부자가 될 수도 있었고요.

이집트 어린이들은 서기관이 되기 위해 열심히 공부했답니다. 하지만 서기관이 되는 것은 쉽지 않았어요. 그림을 본 떠 만든 이집트 문자는 아주 복잡해서 배우는 데 시간이 많이 걸렸거든요.

메소포타미아와 이집트 문명 지역을 차지한 페르시아

남자처럼 꾸민 여자 파라오

이집트 인들이 파라오를 태양신의 아들로 여겼다고 했지요? 그러면 파라오는 남자만 할 수 있었을까요? 잘 알려지지 않았지만 여자 파라오도 있었답니다. 바로 하트셉수트예요. 하트셉수트는 남자 옷을 입고 가짜 턱수염을 달아 남자처럼 꾸몄어요. 그는 다른 나라와 무역을 하는 데 힘쓰고 이집트를 위해 노력했어요.

우리나라에도 여자 왕이 있었어요

우리나라에도 이집트처럼 여자 왕이 있었어요. 바로 신라의 선덕여왕이에요. 물론 신라에는 선덕여왕 말고도 여왕이 두 명 더 있어요. 그중 가장 큰 업적을 남긴 사람이 선덕여왕이랍니다.

선덕여왕은 16년 동안 신라를 다스렸어요. 그런데 그 무렵 신라는 상황이 좋지 않았어요. 백제 의자왕의 공격을 받아 대야성을 비롯해 성을 40여 개나 빼앗겼기 때문이에요. 게다가 중국 당나라도 여왕이 다스리는 신라를 얕보고 왕을 보내겠다고 했어요. 이런 일들을 겪은 신라 사람들은 마음이 어땠을까요? 그래서 선덕여왕은 백성들의 마음을 하나로 모으고 나라를 잘 다스리겠다고 결심했어요. 이를 위해 **황룡사**에 **9층 목탑**을 세웠지요. 이 탑을 세우면 중국을 비롯한 주변의 9개 나라가 신라에게 항복할 거라는 이야기가 있었거든요.

선덕여왕이 나라를 다스린 이후, 신라는 태종 무열왕 때 세력을 크게 펼쳐 **삼국 통일의 틀을 마련**했답니다.

나는 신라 최초의 여왕, 선덕(여왕)이라 하오!

황룡사 9층 목탑
고려 시대 몽골의 침입으로 불타 버렸어요.

메소포타미아와 이집트 문명 지역을 차지한 페르시아

페르시아가 서아시아 땅을 차지했어요

아시리아가 서아시아를 통일했어요

티그리스 강 위쪽에 터를 잡은 도시 국가인 아시리아가 있었어요. 아시리아는 전차를 타고 싸우는 용맹한 군대와 철제 무기를 앞세워 서아시아 지역(메소포타미아와 시리아), 이집트를 통일했지요. 그리고 자신이 정복한 지역에 사는 사람들을 괴롭혔어요. 세금을 많이 거두고 무시무시한 벌로 다스렸어요.

그러자 곳곳에서 저항이 이어졌어요. 결국 아시리아는 이들의 반란으로 멸망했어요.

★**반란** 나라 안에서 왕이나 지도자에 반대하여 큰 싸움을 일으키는 거예요.

페르시아가 다시 서아시아를 통일했어요

페르시아는 아시리아에 이어 이 지역을 통일한 나라예요. 그 일을 해낸 사람은 키루스 왕이에요. 성경에는 자비로운 왕 '고레스'라는 이름으로 나오기도 해요. 그 뒤 페르시아는 영토가 더욱 넓어졌어요. 서쪽으로는 이집트, 동쪽으로는 인도 서북부 지역까지 닿을 정도였지요. 페르시아가 드디어 메소포타미아를 비롯한 서아시아 지역을 차지했어요.

메소포타미아와 이집트 문명 지역을 차지한 페르시아

넓은 땅을 잘 다스렸어요

페르시아가 전성기를 맞이한 것은 다리우스 1세 때예요. 그는 '위대한 왕, 왕 중의 왕, 여러 나라의 왕'으로 불렸어요. 다리우스 1세는 넓은 제국을 잘 다스리기 위해 전국을 20여 개 지역으로 나누고 총독을 보냈어요. 또한 총독을 감시하기 위해 '왕의 귀', '왕의 눈'이라고 불리는 감찰관도 방방곡곡으로 보냈어요.

넓은 땅을 다스리기 위해 길도 닦았어요. 그 길은 수도인 수사에서 지중해 동쪽 사르디스까지 연결되었어요. 도로 곳곳에는 숙소와 말을 빌릴 수 있는 역을 설치했어요. 이 도로를 '왕의 길'이라고 해요. '왕의 길' 덕분에 왕의 명령이 나라 곳곳으로 잘 전달되었어요.

세계사 속 한국사

우리나라에 들어온 페르시아 문화

고구려 무용총 수렵도

말을 탄 사람이 몸을 뒤로 돌려 화살을 쏘는 그림을 본 적이 있나요? 맞아요. 고구려 벽화에 나오는 모습이에요. 이러한 모습으로 활을 쏘는 것을 '파르티안 샷'이라고 불러요. 한때 서아시아 땅을 차지했던 파르티아 사람들이 즐겨 하던 모습이기 때문이에요. 파르티아는 이란계 유목 민족 출신으로 말을 타고 활을 잘 쏘았어요. 그 모습이 고구려에 전해진 거예요.

페르시아 문화는 신라에도 전해졌어요. 이것을 알 수 있는 유물들이 신라 왕릉에서 발견되었어요. 그중 대표적인 것은 은으로 만든 잔과 그릇이에요. 은잔에는 거북등무늬를 연이어 새겨 넣었는데 이는 페르시아에서 유행하던 거예요. 은그릇에는 페르시아 신화에 나오는 여신이 새겨져 있기도 해요. 또 페르시아에서 사용하던 것과 비슷한 뿔잔도 발견되었어요. 이밖에도 유리로 만든 물병과 잔도 있답니다. 이러한 유물을 통해 신라와 페르시아가 교류한 사실을 짐작할 수 있어요.

❶ ❷ ❸ ❹

❶ 사산 왕조 페르시아의 은제 물병
❷ 황남대총(경북 경주)에서 나온 신라 유리 물병
❸ 페르시아의 날개 달린 사자 장식 황금 뿔잔
❹ 경주에서 나온 신라 뿔잔

69

페르시아의 영광을 다시 한 번!

페르시아는 알렉산드로스 대왕의 침략으로 멸망했어요. 그 뒤 이란계 민족이 파르티아를 세웠어요. 파르티아는 동서 무역을 이끌며 발전하여 한때는 로마 제국과 힘을 겨룰 정도로 강했답니다. 그러나 3세기 사산 왕조에게 멸망했어요.

사산 왕조는 페르시아가 차지했던 영토를 다시 찾으려고 노력했어요. 그 결과 동쪽으로는 인도 북부 지역을 차지하고, 서쪽으로는 지중해까지 세력을 펼쳤어요. 그런데 이를 막으려는 나라가 있었어요. 바로 비잔티움 제국*이에요.

메소포타미아와 이집트 문명 지역을 차지한 페르시아

두 나라의 대결은 어떻게 되었을까요? 한때는 사산 왕조가 비잔티움 제국의 황제를 포로로 붙잡아 굴복시킬 정도로 힘이 강했답니다.

★ **비잔티움 제국** 로마가 동쪽과 서쪽으로 나뉜 뒤 동쪽에 있었던 나라를 비잔티움 제국이라고 불렀어요.

조로아스터교를 국교로 정했어요

페르시아 인들은 기원전 6세기에 창시된 조로아스터교를 믿었어요. 왜 그렇게 부르냐고요? 예언자 조로아스터가 만든 종교거든요. 조로아스터교에서는 이 세상을 선한 신과 악한 신이 서로 싸우는 곳이라고 생각했어요. 또 선한 신을 믿은 사람들은 죽은 후 심판을 받아 천국에 갈 수 있다고 믿었죠. 이와 비슷한 이야기를 들어 본 적이 있다고요? 맞아요. 조로아스터교는 나중에 서아시아 지역에서 발생한 유대교와 크리스트교, 이슬람교에 영향을 주었어요.

★**국교** 나라에서 온 국민이 믿도록 하는 종교예요.

세상은 선한 신과 악한 신이 싸우는 곳! 선한 신의 상징 '영원한 불'을 피워 숭상하라.

메소포타미아와 이집트 문명 지역을 차지한 페르시아

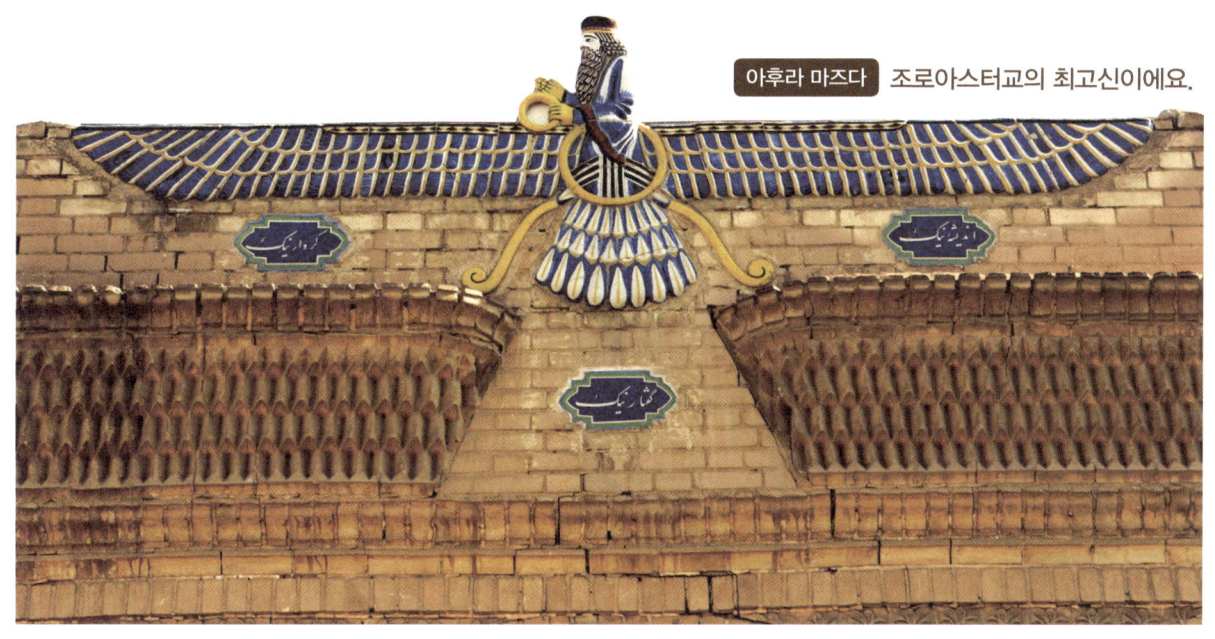

아후라 마즈다 조로아스터교의 최고신이에요.

한편 조로아스터교는 선한 신을 상징하는 '영원한 불'을 중요하게 여겼어요. 불 앞에 두 손을 모으고 절한다는 뜻으로 절 배(拜) 자, 불 화(火) 자를 써서 '배화교'라고도 불러요. 조로아스터교는 다리우스 1세 덕분에 페르시아에 널리 퍼졌어요. 그는 자신이 선한 신인 아후라 마즈다로부터 힘을 받아 세상을 다스린다고 말했어요. 조로아스터교는 사산 왕조 페르시아 때 국교가 되었답니다.

세계사 놀이터

다음은 메소포타미아 문명을 세운 수메르 인이 그린 깃발이에요. 이 깃발에서 메소포타미아 시대에 발명되지 않은 물건이 다섯 개 숨어 있어요. 숨은 그림 다섯 개를 찾아 ○ 해 보세요.

세계 지도에서 유럽과 아시아, 아프리카로 둘러싸인 바다가 지중해이고,
그 동쪽에 에게 해가 있어요. 이곳에서 유럽 문명이 싹텄지요.
이것을 '에게 문명'이라고 해요.
에게 문명은 크레타 섬과 그리스의 펠로폰네소스 반도를 중심으로 발전했어요. 그 뒤에는
그리스와 로마가 등장해요. 그들의 문화를 바탕으로 유럽 문화가 만들어졌답니다.
자! 지금부터 지중해를 중심으로 한 역사 속으로 들어가 볼까요?

유럽 문화의 바탕이 된 그리스와 로마

지중해를 삶의 터전으로

에게 해에서 유럽 문명이 탄생했어요

에게 해에서 가장 먼저 문명이 발생한 곳은 크레타 섬이에요. 이 문명의 주인공은 미노스 인이에요. 미노스 인들은 지중해 동쪽 소아시아에 살다가 메소포타미아의 앞선 문물을 가지고 에게 해 쪽으로 왔어요. 그들은 청동기를 사용하면서 문명을 발전시켰지요. 이를 '크레타 문명'이라고 해요.

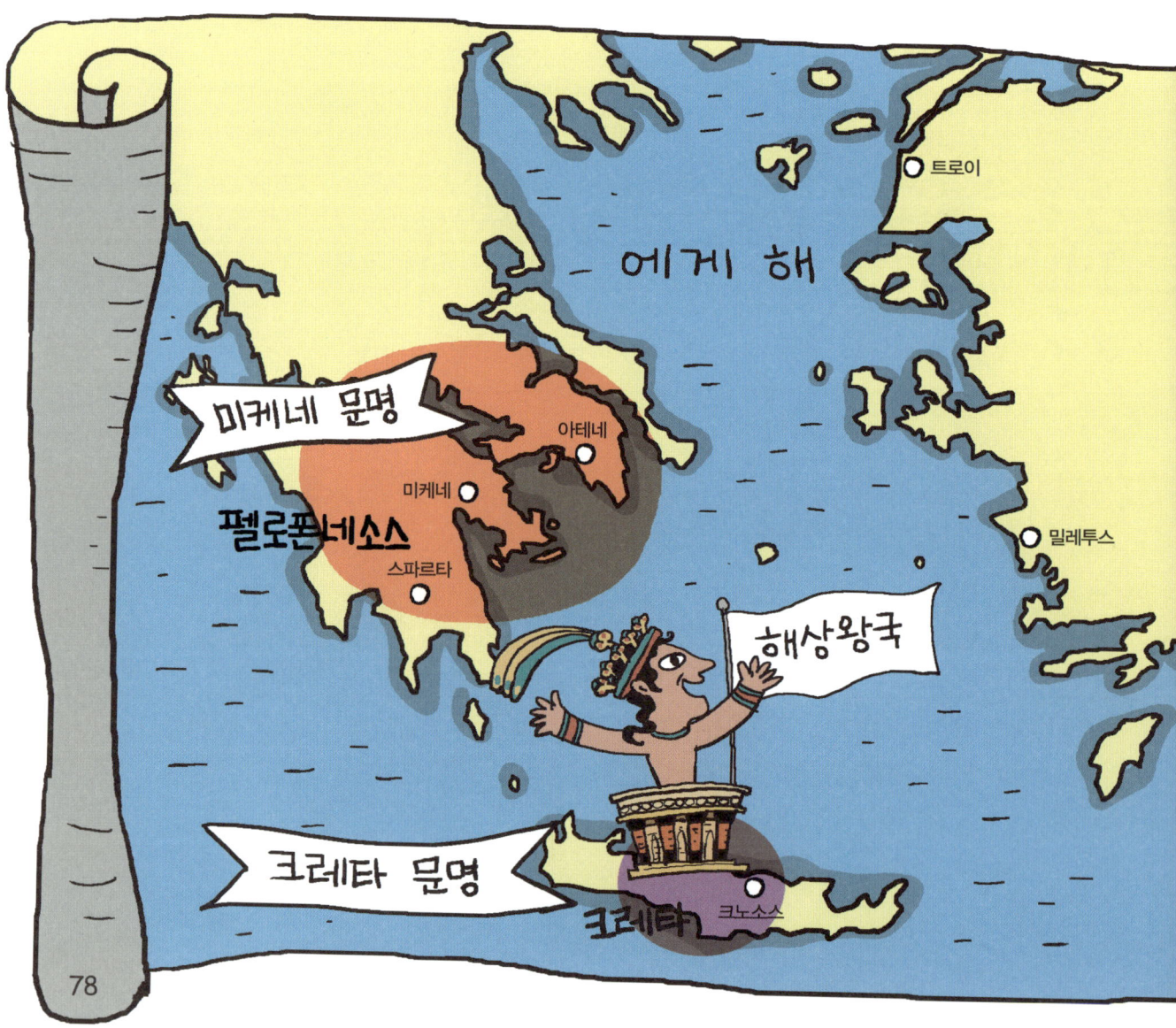

유럽 문화의 바탕이 된 그리스와 로마

크레타 섬은 밀이나 보리 같은 곡식을 재배할 땅이 부족했어요. 그래서 미노스 인들은 배를 타고 지중해 곳곳을 누비면서 장사를 했어요. 덕분에 강력한 해상 왕국을 세웠지요. 하지만 육지에서 온 미케네 인이 쳐들어와서 멸망했어요.

★**미케네 인** 그리스 땅에 살고 있던 사람들이에요.

에게 해에서 탄생한 문명

트로이 전쟁이 일어났어요

미케네 인들이 크레타 인에 이어 에게 해를 차지했어요. 그들은 그것에 만족하지 않고 동쪽으로 흑해 지역까지 진출하려 했어요. 그 과정에서 흑해 길목을 차지하고 있던 트로이와 전쟁을 하게 되었어요. 이것이 바로 '트로이 전쟁'이에요. 미케네 인들은 트로이에 나무로 커다란 말을 만들어 보내고 그 안에 병사들을 숨기는 작전을 썼어요. 목마에 숨어 있던 병사가 성문을 열어 트로이 성을 함락시켰다고 전해져요.

유럽 문화의 바탕이 된 그리스와 로마

한때, 사람들은 트로이 전쟁을 전설이라고 생각했어요. 그것을 증명할 유적이나 유물이 발견되지 않았거든요. 그런데 슐리만이라는 고고학자가 트로이 유적을 찾아내서 실제로 있었던 전쟁임을 알게 된 거예요. 이 전쟁은 미케네의 왕이 이끄는 그리스 연합군이 이겼어요. 그 결과 그리스의 여러 나라들이 트로이를 물리치고 지중해에서 해상 무역을 이끌게 되었어요.

폴리스가 생겼어요

미케네 문명은 철로 만든 무기를 앞세워 북쪽에서 쳐들어 온 도리아 인의 침략으로 멸망했어요. 그 뒤 그리스에서는 크고 작은 전쟁이 계속 일어났어요. 사람들은 전쟁에 대비하기 위해 높은 언덕에 성벽을 쌓았어요. 이 성벽을 중심으로 여러 농촌 마을이 모여 도시 국가가 태어났어요. 이것을 '폴리스'라고 해요. 폴리스는 그리스 본토와 에게 해 주변에 1,000개나 생겨났어요.

유럽 문화의 바탕이 된 그리스와 로마

폴리스는 아크로폴리스와 아고라로 이루어졌어요. 아크로폴리스는 폴리스에서 가장 높은 언덕으로 그곳에 신전(파르테논)을 만들었어요. 아고라는 시장이나 시민들이 모이는 광장이고요. 폴리스 중에 가장 대표적인 국가는 아테네와 스파르타예요. 두 폴리스는 서로 경쟁했지만, 페르시아와 전쟁할 때에는 힘을 모아 함께 싸웠어요.

올림피아 제전으로 하나가 되었어요

그리스 사람들은 신에게 바치는 축제를 중요하게 여겼어요. 그래서 4년마다 한 번, 초여름이면 제우스 신전이 있는 올림피아에 모였어요. 그곳에서 연극과 음악 경연도 하고 운동회도 했지요. 거추장스러운 옷을 벗고 달리기, 창던지기, 레슬링, 원반던지기도 했어요. 이 올림피아 제전이 오늘날의 올림픽으로 이어졌답니다.

크노소스 궁전 벽화와 고구려 벽화

투우사

돌고래

물병을 옮기는 여인

첫 번째 벽화를 볼까요? 한 사람이 달리는 황소의 등을 능숙하게 넘고 있어요. 나머지 두 사람은 그 모습을 쳐다보고 있네요. 이것은 아름다운 크노소스 궁전에 있는 그림이에요. **크노소스 궁전**에는 다양한 **벽화**가 더 있어요. 바다에서 헤엄치는 듯한 돌고래 떼와 물병을 옮기는 크레타 여인들의 모습도 있어요. 이 그림들을 보고 **크레타 사람들의 생활 모습을 짐작**할 수 있지요.

고구려 수산리 고분 벽화(복원도)

무용총 접객도(복원도 일부)

우리나라에도 사람들의 생활 모습을 알려주는 벽화가 있어요. 먼저 〈고구려 **수산리 고분 벽화**(복원도)〉를 볼까요? 귀족 부부가 나들이를 가는 모습이네요. 그 앞에서 묘기를 부리는 사람들이 흥을 돋우고 있고요. 여자들은 대부분 긴 저고리에 주름치마를 입었네요. 무덤 주인이 손님을 초대해 차를 대접하는 모습을 그린 〈**무용총 접객도**〉도 있어요. 무릎을 꿇고 차를 대접하는 사람이 있네요. 두 벽화는 공통점이 있어요. 시중을 드는 사람들이 주인공보다 작게 그려져 있다는 점이에요. 신분의 높고 낮음을 표현한 거예요.

민주 정치가 처음 등장했어요

아테네와 스파르타는 영원한 라이벌!

그리스를 대표하는 폴리스인 아테네와 스파르타는 여러 가지로 달랐어요. 먼저 아테네는 상공업과 해상 무역이 발달하고 해군이 강했어요. 자유로운 분위기에서 학문과 철학도 발전했지요. 반대로 스파르타는 상공업보다 농업이 발달했어요. 새로운 사상이 들어오는 것을 싫어했고 주변 땅을 차지하면서 그곳에 살던 사람들을 노예로 삼았어요. 그리고

유럽 문화의 바탕이 된 그리스와 로마

노예들이 저항할 것에 대비해 강력한 군대를 길렀지요.
스파르타에서는 남자아이가 일곱 살이 되면 부모 곁을 떠나 집단생활을 했어요. 읽기, 쓰기, 원반던지기, 창던지기, 수영, 음악 등을 배웠지요. 그리고 무기 다루기와 같은 군사 훈련을 받았어요. 그런 다음, 스무 살에서 예순 살까지 군인으로서 나라를 지켰어요. 결혼을 해도 서른 살까지는 군대에서 지냈답니다.

시민들이 나랏일을 결정한 아테네

아테네에서는 자유로운 분위기를 바탕으로 민주 정치가 발전했어요. 아테네의 민주 정치는 어떤 모습이었을까요? 시민들이 참여한 민회에서 법을 만들고, 관리를 뽑고, 중요한 나랏일을 결정했어요. 다른 폴리스에서는 왕이나 귀족들이 하는 일을 시민들이 한 거예요.

유럽 문화의 바탕이 된 그리스와 로마

아테네에서는 민회에 참여하거나 관리가 된 사람들은 월급을 받기도 했어요. 그러니 시민들이 마음 놓고 정치에 참여할 수 있었지요. 이렇게 아테네에서는 모든 시민들이 정치에 참여하는 직접 민주 정치가 발전했어요.

한 가지 아쉬운 점도 있어요. 스무 살 이상이 된 남자만 시민으로 인정받았거든요. 여자, 노예, 외국인은 정치에 참여할 수 없었어요.

★**민회** 고대 그리스와 로마에서 시민들이 나라 일에 참여하기 위해 만들어진 모임이에요.

독재자를 막기 위해 노력했어요

민주 정치를 하려면 여러 사람들의 의견을 잘 모아야 해요. 자기 마음대로 정치를 하는 독재자가 없어야겠죠. 그래서 아테네 사람들은 독재자가 나오는 것을 막기 위한 제도를 만들었어요. 도자기 조각에 독재자가 될 가능성이 있는 사람 이름을 써서 투표하는 거예요. 이것을 '도편 추방제'라고 해요.

유럽 문화의 바탕이 된 그리스와 로마

도편 추방제는 민회에서 이루어졌어요. 민회에서는 독재자가 될 만하다고 생각하는 사람 이름을 도자기 조각에 쓴 다음 항아리에 넣었어요. 투표 결과, 이름이 6,000표 이상 나온 사람은 아테네에서 쫓겨났어요. 쫓겨난 사람은 10년 동안 아테네로 돌아올 수 없었지요. 그런데 도편 추방제는 종종 경쟁자를 물리치는 도구로 이용되기도 했어요.

소피스트가 누구예요?

민회에 참여한 모든 시민들은 자신의 의견을 자유롭게 말했어요. 다른 사람을 설득하려면 자신의 의견을 조리 있게 잘 발표하는 것이 중요했지요. 그래서 쓰고 말하기를 가르쳐 주는 사람들이 등장했어요. 그 사람들을 '소피스트'라고 해요. 소피스트들은 시민들에게 연설문을 쓰고 발표하는 방법을 가르쳐 주었어요.

유럽 문화의 바탕이 된 그리스와 로마

소피스트들은 철학자이기도 했어요. 처음 그리스의 철학자들은 자연과 우주의 근본 원리를 찾으려고 했어요. 그런데 소피스트들은 그것보다는 인간에 대해 관심을 갖기 시작했어요. 그들은 사람들마다 생각이 다르므로 변하지 않는 진리는 없다고 했어요. 반대로 절대로 변하지 않는 진리가 있다고 주장한 사람도 있어요. 바로 소크라테스예요. 그리스 철학은 소크라테스의 제자인 플라톤과 아리스토텔레스에 의해 더욱 발전했어요.

그리스와 서아시아 문화를 하나로 묶은 알렉산드로스

그리스가 힘이 약해졌어요

아테네와 스파르타는 힘을 합해 페르시아의 공격에 맞섰어요. 덕분에 그리스는 페르시아를 물리칠 수 있었지요. 하지만 전쟁이 끝났다고 안심할 수는 없었어요. 페르시아가 다시 쳐들어올지도 모르니까요. 그리스의 폴리스들은 아테네를 중심으로 동맹을 맺고 전쟁에 드는 돈을 모으며 준비했어요. 다행히 페르시아는 다시 침략하지 않았어요. 평화가 찾아온 것이지요.

유럽 문화의 바탕이 된 그리스와 로마

그런데 문제가 생겼어요. 아테네가 전쟁에 쓸 돈을 자신들 마음대로 쓴 거예요. 이에 불만을 품은 폴리스들이 많았어요. 스파르타는 곧 펠로폰네소스 반도★에 있는 폴리스를 모아 전쟁을 일으켰어요. 전쟁은 스파르타의 승리로 끝났지만 폴리스들은 계속 싸웠어요. 그러자 그리스는 힘이 점점 약해졌어요.

★**반도** 대륙에서 바다 쪽으로 좁다랗게 튀어나온 땅덩어리예요.

알렉산드로스 대왕의 힘

그리스가 힘이 약해지자, 북쪽에 사는 마케도니아 왕 필리포스 2세가 쳐들어왔어요. 그는 그리스를 정복한 뒤에 아들인 알렉산드로스에게 나라를 물려주었어요. 알렉산드로스는 스무 살에 왕이 되었어요.

유럽 문화의 바탕이 된 그리스와 로마

이 무렵 그리스 인들은 마케도니아로부터 벗어나기 위해 반란을 일으켰어요. 그러나 알렉산드로스는 그들의 반란을 잠재우고 영토를 넓혀 갔답니다. 그는 지중해 건너에 있는 페르시아와 싸웠어요. 알렉산드로스는 10배가 넘는 페르시아 군에 맞서 이겼어요. 그 뒤 인더스 강 주변까지 차지했지요. 이렇게 해서 유럽, 아시아, 아프리카에 걸친 대제국이 탄생했어요. 알렉산드로스는 이렇게 넓은 땅을 차지하는 데 10년밖에 걸리지 않았어요. 참으로 놀라운 일이지요?

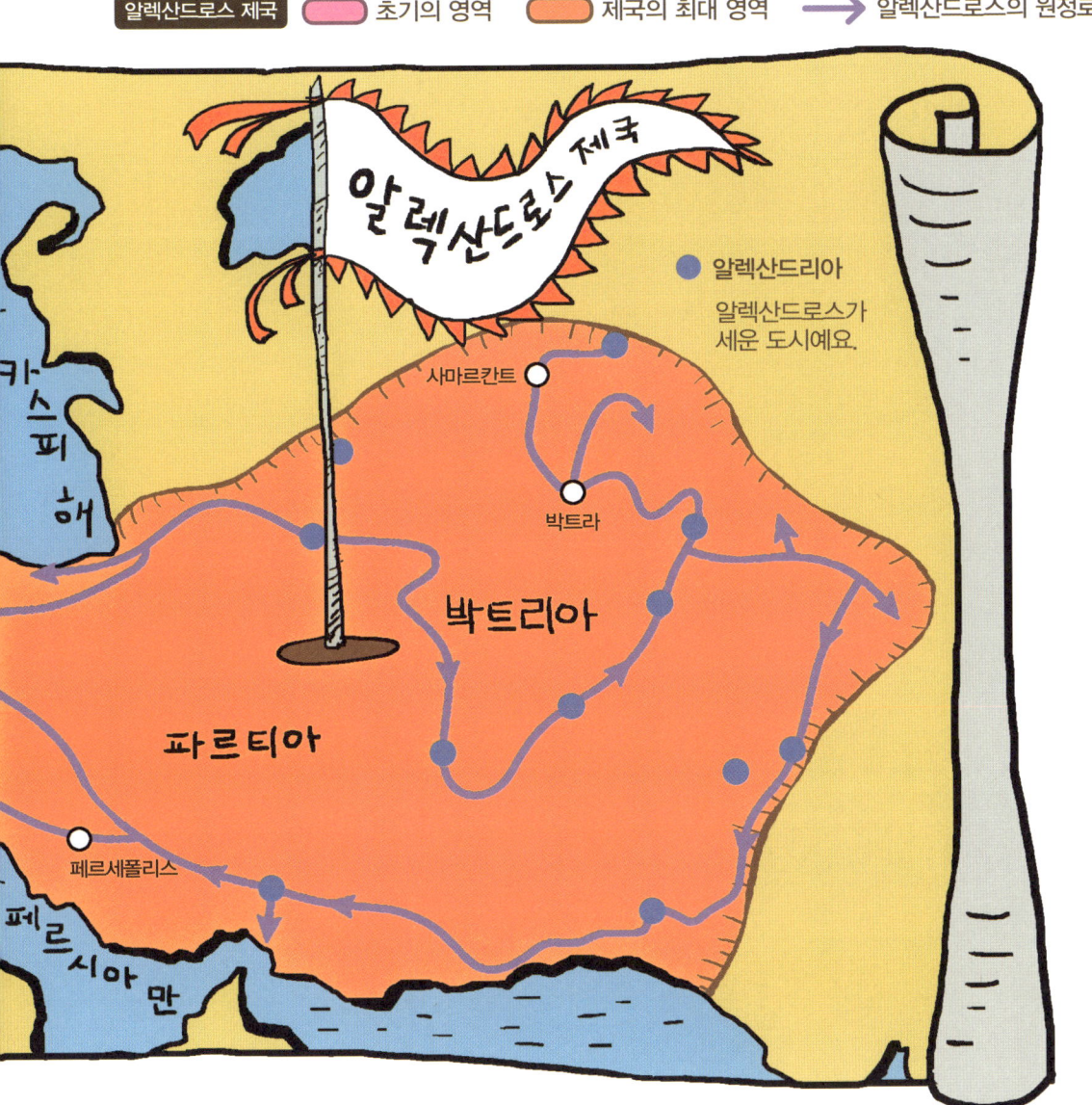

곳곳에 알렉산드리아가 세워졌어요

알렉산드리아가 뭐냐고요? 알렉산드로스 대왕이 자신이 정복한 곳에 세운 도시예요. 자신의 이름을 따서 만든 것이죠. 알렉산드리아는 그 수가 무려 70여 개였다고 해요. 그중 가장 잘 알려진 도시가 이집트에 있는 알렉산드리아예요. 이곳에는 학문 연구 기관과 도서관이 있었어요. 특히 도서관에는 각 지역에서 모은 책을 그리스 어로 옮겨 보관했어요.

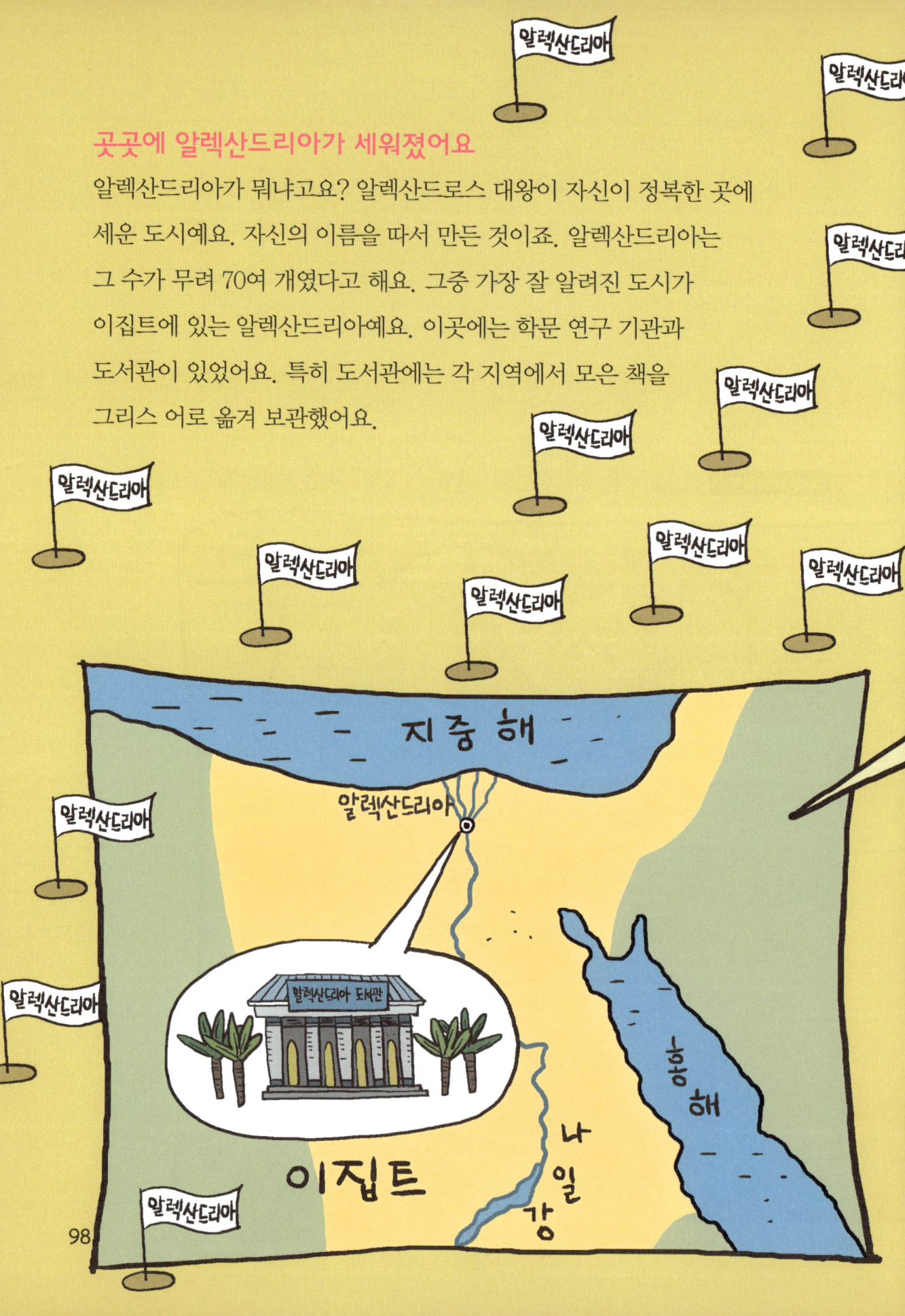

유럽 문화의 바탕이 된 그리스와 로마

한편 알렉산드로스는 그리스의 학자와 기술자들을 정복한 지역에서 살게 했어요. 그 지역 사람들에게 그리스 어를 가르치고, 그들의 문화도 받아들였지요. 또한 그리스 인과 그 지역 사람의 결혼을 북돋아 주었어요. 이렇게 그리스 문화와 서아시아 문화가 어우러져 새로운 문화가 탄생했어요. 이것을 '헬레니즘 문화'라고 해요.

조각품에 인간의 감정을 불어넣었어요

그리스 인들은 인간의 몸을 아름답게 표현한 조각품을 만들었어요. 이런 조각품은 조화롭고 균형 있게 만들어졌지요. 헬레니즘 시대에는 여기에 인간의 감정을 사실적으로 더했어요. 사실적이고 역동적인 작품이 많은데, 그중에서 '라오콘 상'이 유명해요. 트로이의 신관인 라오콘과 그의 두 아들이 뱀의 공격을 받는 모습이에요. 죽음을 두려워하며 고통스러워하는 모습이 느껴지나요?

오~ 저 고통의 몸부림이 내게도 전해져오는 것 같아…

라오콘 상

알렉산드로스와 광개토 대왕

알렉산드로스가 스무 살에 왕이 되어 10년 만에 커다란 제국을 세웠다는 거 기억나나요? 알렉산드로스는 서른세 살, 젊은 나이에 세상을 떠났지만, 로마 인들은 영토를 넓힌 업적을 기려 그를 대왕이라고 불렀어요.

우리나라에도 영토를 넓힌 왕이 있어요. 바로 고구려의 광개토 대왕이에요. 광개토 대왕은 알렉산드로스보다 두 살 어린 열여덟 살에 왕이 되었어요. 그가 왕이 될 무렵, 고구려는 백제와 사이가 좋지 않았어요. 광개토 대왕의 할아버지인 고국원왕이 백제의 근초고왕과 싸우다가 화살에 맞아 죽었기 때문이죠. 뿐만 아니라 황해도 땅도 빼앗겼어요. **광개토 대왕은 왕이 된 다음 해에 백제를 공격하여 백제 왕의 항복을 받아냈어요.**

한편 광개토 대왕은 신라에 침략한 왜구를 물리쳐 주기도 했어요. 신라는 왜구를 물리친 대신 이후 100여 년간 고구려의 간섭을 받았지요. 그밖에도 광개토 대왕은 **북쪽으로 진출하여 거란, 후연 등을 굴복시켰어요.**

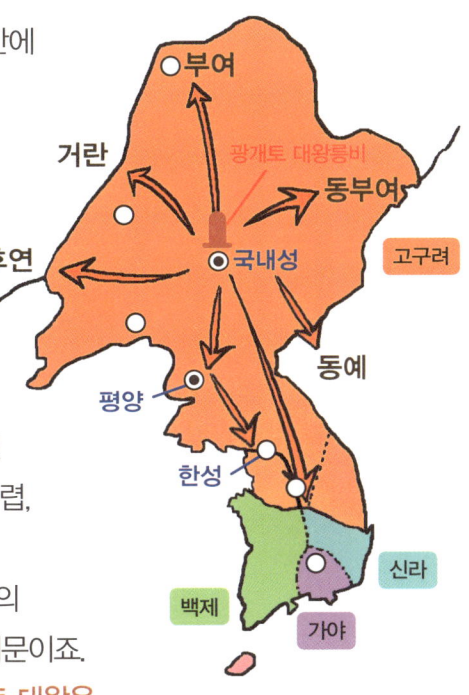

고구려의 넓은 땅

만주 벌판 휘날리는 고구려의 기상을 보라!

황제가 다스리는 나라, 로마

작은 도시 국가에서 출발했어요

이탈리아의 테베레 강가에서 훗날 지중해 주변을 지배하는 도시 국가가 탄생했어요. 바로 로마예요. 로마를 세운 로물루스★의 이름을 따서 로마라고 이름지었어요. 처음에 로마는 왕이 나라를 다스렸어요.

★**로물루스** 쌍둥이 동생인 레무스가 함께 늑대 젖을 먹고 자라서 로마의 왕이 되었다고 해요.

그러다가 기원전 6세기 무렵, 로마 인들은 왕을 쫓아냈어요. 그 뒤로 로마의 정치는 왕이 다스리던 것에서 공화정으로 바뀌었어요. 공화정이 뭐냐고요? 왕처럼 한 사람이 나라를 다스리는 것이 아니라 권력을 여러 사람들이 나누어서 나라를 이끄는 거예요. 로마 공화정은 민회, 집정관, 원로원으로 나누어 나라를 다스렸어요.

유럽 문화의 바탕이 된 그리스와 로마

평민과 귀족이 조금씩 평등해졌어요

로마 공화정에 대해 더 알아볼까요? 민회는 시민들이 모여 의논하는 곳이고, 집정관은 나라 살림을 맡았어요. 경험 많은 귀족들이 모인 원로원에서는 중요한 나랏일을 결정하는 데 의견을 주었어요. 처음에는 귀족들이 원로원과 집정관을 도맡아서 정치를 했어요.

유럽 문화의 바탕이 된 그리스와 로마

때문에 평민은 불만이 점점 커졌어요. 당시 로마에서는 상공업의 발달과 정복 전쟁으로 평민들의 역할이 커졌거든요. 귀족들은 군인 중 많은 수를 차지하는 평민이 떠나면 나라가 어떻게 될까 걱정했어요. 그래서 호민관★ 제도를 만들고 평민의 권리를 인정했어요. 그 뒤로 평민의 권리가 점점 커져 법률적으로 귀족과 같아졌어요.

★**호민관** 평민의 생명과 재산을 지켜주는 관직이에요.

지중해 주변으로 땅을 넓혔어요

평민과 귀족에 대한 차별이 사라지면서 로마 시민들은 하나가 되었어요. 시민의 힘을 바탕으로 땅을 넓혀, 마침내 이탈리아 반도를 모두 차지했지요. 그러나 로마는 여기에 만족하지 않았어요. 나라끼리 서로 물건을 활발하게 사고파는 지중해를 차지하고 싶었거든요.

그런데 지중해의 주도권을 북아프리카에서 가장 힘센 카르타고가 차지하고 있었어요. 로마는 지중해의 주도권을 빼앗기 위해 카르타고와 전쟁을 벌였어요. 전쟁은 약 120년 동안 세 차례에 걸쳐 일어났어요. 이를 '포에니 전쟁'이라 해요. 로마 사람들이 카르타고를 세운 페니키아 사람을 '포에니'라고 부른 데서 붙여진 이름이에요.

로마는 2차 포에니 전쟁에서 카르타고의 장군인 한니발 때문에 어려움을 겪기도 했어요. 한니발이 코끼리 부대와 약 10만 명의 군사를 이끌고 알프스 산맥을 넘어 공격해 왔거든요. 하지만 로마 시민들이 목숨을 걸고 끝까지 싸워서 전쟁에서 이겼지요. 그 뒤 3차 전쟁에서 로마는 카르타고를 공격하여 멸망시키고 지중해 지역을 차지했어요.

그라쿠스 형제가 개혁을 시도했어요

포에니 전쟁이 끝난 뒤에도 영토를 넓히기 위한 전쟁은 계속되었어요. 그 결과 로마는 지중해 주변 땅을 거의 다 차지했어요. 새로 생긴 땅은 원래 나라에서 관리했어요. 그런데 귀족들이 점차 땅을 차지하고 큰 농장을 만들어 노예를 데려다 농사를 지었어요. 귀족들은 농장에서 생산된 곡물을 싼값에 팔아 점점 더 부자가 되었어요.

하지만 평민은 생활이 점점 더 어려워졌어요. 평민은 대부분 농민이었거든요. 그들은 전쟁이 끝나고 돌아와도 땅이 황무지로 변해 있으니 농사를 짓기 어려웠죠. 간신히 농사를 지어도 싼값에 곡물을 파는 귀족들을 따라잡을 수가 없었지요. 이 문제를 해결하기 위해 호민관인 그라쿠스 형제가 개혁에 나섰지만 귀족들 때문에 실패하고 말았어요.

★**황무지** 농사를 지을 수 없는 척박한 땅이에요.

전쟁 영웅 카이사르에 이은 옥타비아누스

그라쿠스 형제가 개혁에 실패하자 귀족과 평민은 갈등이 더욱 심해졌어요. 그 무렵 전쟁으로 로마의 땅을 넓혀 영웅이 된 카이사르가 등장했어요. 그는 평민 편에 서서 인기를 얻고 권력을 키워 나갔어요. 하지만 그의 권력이 커지는 것을 싫어한 귀족들에 의해 죽고 말았죠. 그 뒤 로마에서는 귀족들의 권력 다툼이 일어났어요. 권력 다툼에서 승리한 사람은 옥타비아누스였어요. 원로원은 옥타비아누스에게 아우구스투스★라는 칭호를 주었어요. 그는 자신이 로마 제1시민이라고 했지만 실제로는 황제와 다름없었지요. 이때부터 로마에서는 황제가 다스리는 정치인 '제정'이 시작되었어요.

★**아우구스투스** 존엄한 사람이라는 뜻이에요.

게르만족의 침입으로 서로마가 멸망했어요

3세기 무렵부터 로마는 힘이 점점 약해졌어요. 전쟁을 하지 않으니 노예가 줄고, 농사도 제대로 지을 수 없었지요. 가난하고 부유한 차이도 심해져서 곳곳에서 불만을 품었어요. 로마는 더 이상 넓은 나라를 다스릴 힘이 없었어요. 그래서 나라를 동과 서로 나누어 다스리기도 했어요. 하지만 476년 서로마 제국은 게르만족의 침략으로 멸망하고 말았어요.

로마의 문화와 크리스트교

배움을 사랑한 로마 인들

로마 인들은 다른 나라에 좋은 것이 있으면 받아들여 자신들의 것으로 만들었어요. 모르는 것을 조금도 부끄러워하지 않고 배움을 사랑했지요. 이런 마음가짐 덕분에 로마는 생활에 쓰임새가 많고 수준 높은 문화를 발전시킬 수 있었어요.

유럽 문화의 바탕이 된 그리스와 로마

로마는 에트루리아로부터 철을 다루고 집을 짓는 방법을 배웠어요. 120년 동안 전쟁을 한 카르타고에게는 농업 기술을 배웠지요. 가장 많은 것을 배운 나라는 그리스예요. 도자기 만드는 법, 알파벳, 문학, 철학, 신화 등을 배웠거든요.

배우고 또 배운 건축 기술

에트루리아로부터 집 짓는 기술을 배운 로마는 건축 기술을 더욱 발전시켰어요. 그들은 처음으로 콘크리트를 써서 집을 지었어요. 콘크리트는 모래와 석회, 돌, 물 등을 섞어 단단하게 만든 재료예요. 콘크리트로 만든 건축물 가운데 가장 오래된 건물은 판테온 신전★이에요.

★**판테온 신전** 로마 인이 믿는 모든 신을 위해 만든 신전이에요.

유럽 문화의 바탕이 된 그리스와 로마

아치를 만드는 기술도 배웠어요. 아치는 무게를 떠받치는 데 아주 효과적이었어요. 아치 기술로 만든 대표 건축물로 수도교와 콜로세움이 있어요. 수도교는 먼 곳에서 물을 끌어다 쓰기 위해 만든 수로이자 다리예요. 맨 위층은 수로이고, 아래 두 층은 사람과 말이 다녔지요. 한편 콜로세움은 검투 경기를 하던 곳이에요. 얼마나 튼튼하게 지었는지 다른 건물을 지으려고 돌덩이를 빼내도 무너지지 않고 지금까지 남아 있어요.

콜로세움

판테온

모든 길은 로마로 통한다

로마는 지중해 주변에 있는 땅을 거의 다 차지했어요. 이렇게 넓은 땅을 잘 다스리려면 잘 닦인 길이 필요해요. 도로를 통해 황제의 명령을 전달하고, 물자를 나르거나 군대를 보낼 수 있으니까요. 당시에 만든 도로인 '아피아 가도'는 2000년이 지난 지금까지도 쓰인답니다.

유럽 문화의 바탕이 된 그리스와 로마

로마에 가면 로마법을 따르라!

로마 인들은 법을 만들어 나라의 질서를 유지했어요. 그중 잘 알려진 것은 12표법이에요. 그 뒤 여러 차례 법을 바꾸며 귀족과 평민이 평등하다는 원칙을 세웠어요. 이것을 '시민법'이라고 해요. 이 원칙은 처음에 로마에 사는 사람들에게만 적용되었어요. 그러다가 로마가 대제국이 되면서 외국인에게도 적용되는 만민법을 만들었지요. 또 모든 사람은 평등한 권리가 있고, 국가는 이를 침범할 수 없다는 자연법도 등장했어요.

크리스트교를 국교로 인정했어요

로마가 제국으로 발전할 무렵, 예수가 태어났어요. 예수는 신분에 상관없이 모든 사람을 사랑하라고 가르쳤어요. 예수가 죽은 뒤, 그의 가르침을 따르는 크리스트교가 등장했어요. 그의 제자들이 로마 곳곳에 크리스트교를 전하면서 많은 사람들이 이 종교를 믿게 되었어요. 크리스트교는 처음에 로마로부터 탄압을 심하게 받았어요. 황제를 숭배하지 않았기 때문이죠.

유럽 문화의 바탕이 된 그리스와 로마

그러나 평등 사상 덕분에 하층민과 여자들을 중심으로 크리스트교를 믿는 사람들이 점점 늘었어요. 그러자 콘스탄티누스 황제는 크리스트교를 믿는 것을 허락해 주었어요. 테오도시우스 황제도 크리스트교를 국교로 인정했어요. 크리스트교가 로마 제국을 하나로 묶는 데 도움이 되었거든요. 크리스트교는 로마에서 국교가 된 덕분에 세계적인 종교가 되었답니다.

로마법 대전과 경국대전

로마는 12표법에 이어 많은 법을 만들었어요. 그런데 세월이 흐르면서 사는 모습이 바뀌자 오히려 사람들에게 혼란을 주었어요. 비잔티움 제국의 **유스티니아누스 황제**는 이러한 문제를 해결하였어요. 그는 신하들에게 로마에서 만들어진 여러 법들을 정리하여 새롭게 편찬하도록 명하였어요. 그래서 만들어진 것이 세계 3대 법전의 하나인 **로마법 대전**이에요. 황제의 이름을 따서 '**유스티니아누스 법전**'이라고 해요. 로마법 대전은 이후 유럽 여러 나라가 근대적인 법을 만들 때 참고가 되었어요.

우리나라도 나라를 잘 다스리기 위해 법을 만들었어요. 그중 대표적인 것이 **경국대전**이에요. 경국대전은 조선 시대 성종 때 완성되었는데 우리나라의 현실이 반영되어 있다는 것이 특징이에요. 고려 시대 때 중국 법을 그대로 따랐던 것과는 달랐어요. 주요 내용은 다음과 같아요.

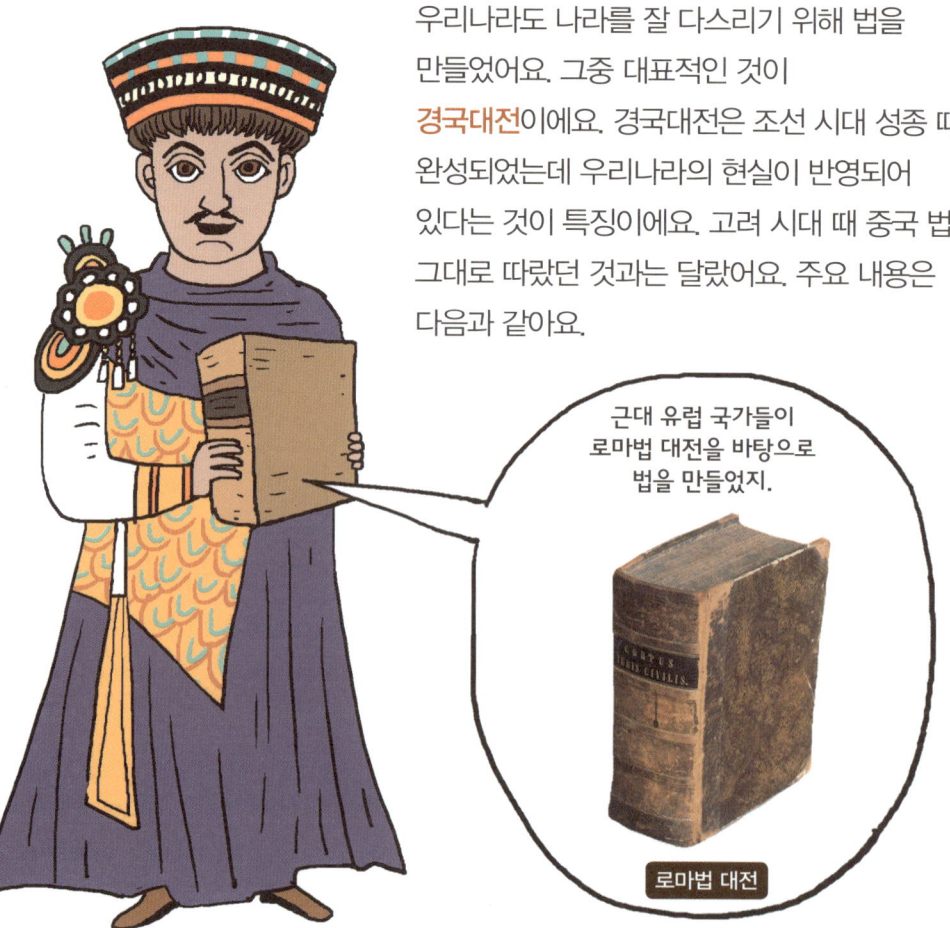

근대 유럽 국가들이 로마법 대전을 바탕으로 법을 만들었지.

로마법 대전

- 사형수는 세 번 재판 받을 수 있다.
- 뇌물을 받은 관리의 자손은 과거 시험을 볼 수 없다.
- 아프거나 일흔이 넘은 부모를 모시는 사람은 군역을 면제한다.
- 나룻배는 5년이 되면 고치고, 10년이 되면 새로 만든다.
- 관청의 여자 노비가 임신하면 아이를 낳기 전 30일, 낳은 뒤 50일, 모두 합해 80일간 쉬게 하고 그 남편도 휴가를 준다.

법전 내용을 읽어 보니 어떤 생각이 드나요? 백성을 잘 다스리려는 조선 시대 왕의 마음이 느껴지나요?

조선 백성을 위해 경국대전을 완성했다.

세계사 놀이터

이 건축물은 로마의 콜로세움입니다. 로마 사람들이 아치 기술을 이용해 튼튼하게 지은 원형 경기장이지요. 이곳에서 검투 경기를 하는 전사와 응원하는 사람들을 상상하며 두 그림에서 다른 점 5가지를 찾아 ◯ 해 보세요.

인도에서 문명이 시작된 곳은 인더스 강 주변이에요. 그런데 인도에서 쓰던 문자는 지금까지도 그 뜻을 정확하게 알지 못해요. 옛 사람이 남긴 기록을 읽을 수 없으니 그들의 생활 모습도 자세히 알 수 없지요.

인더스 문명 이후 인도에서 **불교**가 등장했어요. 그 뒤 불교는 마우리아 왕조와 쿠샨 왕조를 거치면서 아시아 곳곳으로 퍼져 나갔어요. 우리나라에까지 전해진답니다. 수수께끼 같은 인더스 문명과 불교가 어떻게 태어나고 발전하는지 살펴볼까요?

인더스 강에서 탄생한 또 하나의 문명

구운 벽돌로 만든 계획도시

인도에서 문명이 처음 발생한 곳은 히말라야 산맥에서 이어지는 인더스 강 유역이에요. 그곳에서 여러 도시 국가가 생겨났어요. 대표적으로 하라파와 모헨조다로를 꼽을 수 있어요. 두 도시 모두 구운 벽돌로 여러 시설물을 만들고 곧게 뻗은 도로가 있는 계획도시였어요. 또 우물과 공중목욕탕, 수세식 화장실, 하수도 시설, 쓰레기 처리 시설도 으뜸이었어요.

공중목욕탕(모헨조다로)

인더스 사람들은 밀과 보리 농사를 짓고 염소와 양, 개, 돼지 등 가축을 기르며 살았어요. 세계에서 처음으로 목화도 재배했지요. 덕분에 양털과 목화로 짠 옷을 입었어요. 또한 청동으로 여러 가지 도구들을 만들고 색깔이 있는 도자기를 썼어요. 하라파에서는 벽돌에 선을 그어 말판을 만들고, 구운흙으로 말을 만든 장난감도 있었어요.

인더스 문명과 불교의 탄생

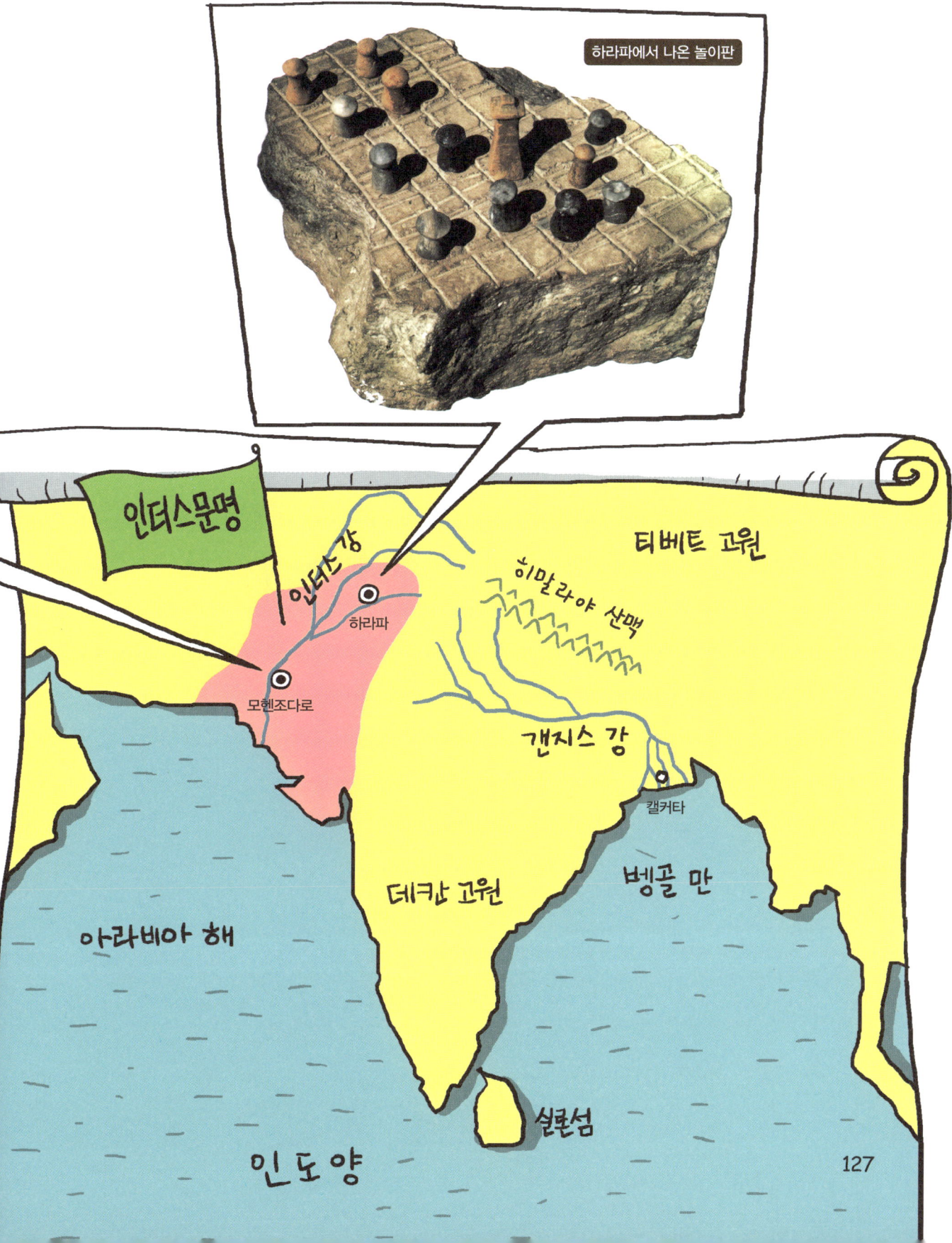

하라파에서 나온 놀이판

다른 지역과 활발히 교류했어요

인더스 인들은 옷감, 청동기, 토기, 장신구 등을 잘 만들었어요. 그들이 만든 물건은 멀리 이집트나 메소포타미아에서도 인기가 좋아 많이 팔렸어요. 인더스 지역에서 만든 장식품이 메소포타미아의 무덤에서 발견되기도 했어요.

인더스 문명과 불교의 탄생

물건을 팔 때에는 인장*을 찍어 표시했어요. 정사각형 모양인 인장이 2천 개쯤 발견되었어요. 거기에는 여러 가지 문양과 글자가 함께 새겨져 있어요. 동물 문양을 새긴 것도 많아요. 소나 코끼리처럼 사람들의 생활과 관계 깊은 동물도 있고, 유니콘처럼 상상 속 동물도 있어요. 그런데 인장에 새겨진 글자는 아직 해석을 할 수 없답니다.

★**인장** 물고기, 코끼리 등의 그림과 글자가 새겨진 정사각형 모양의 도장을 말해요.

그림 문자를 새긴 인더스 인장

아리아 인들이 인도에 왔어요

기원전 1500년 무렵, 중앙아시아 초원 지대에 살던 아리아 인들은 인더스 강 쪽으로 이동했어요. 전차를 타고 온 그들은 철로 만든 무기로 인더스 사람들을 공격해서 마침내 그곳을 차지했어요. 그리고 점점 동쪽으로 가면서 갠지스 강까지 진출했어요.

★**아리아 인** '고귀한 사람'이란 뜻으로, 중앙아시아에서 유목 생활을 하다가 인도와 이란으로 이동한 사람들을 말해요.

인더스 문명과 불교의 탄생

갠지스 강 유역에 살게 된 아리아 인들은 철로 농기구를 만들고 벼농사도 지었어요. 벼농사가 점점 발달하면서 생활에서 중요한 부분을 차지하게 되었지요. 자연스레 농사에 영향을 주는 태양, 물, 불 등 자연 현상에 관심이 높아졌어요. 그것들을 신으로 섬기기도 했지요.

하늘과 땅에 제사를 지냈어요

아리아 인들은 하늘과 땅 등 자연신에게 제사를 지냈어요. 그런데 제사를 지내는 방법이 복잡해서 아무나 제사를 이끌 수 없었어요.

종교 의식은 브라만 계층이 담당했어요. 그래서 이 종교를 '브라만교'라고 해요. 브라만 사제들은 제사를 지낼 때 양, 염소, 닭, 소와 같은 가축들을 제물로 바쳤어요. 한 번에 수백 마리 넘게 바치기도 했어요. 그래야 신이 기뻐하여 농사가 잘되고, 전쟁에서도 이길 수 있다고 믿었거든요.

이렇게 많은 새끼 양을 제물로 바치니 이번 전쟁에서 꼭 이기게 해 주십시오.

인더스 문명과 불교의 탄생

네 개의 신분이 있어요

아리아 인들이 갠지스 강 유역을 정복하는 과정에서 신분 제도가 생겼어요. 브라만, 크샤트리아, 바이샤, 수드라 이렇게 네 가지 신분이 있었어요. 신분마다 하는 일이 달랐어요. 브라만은 가장 높은 신분으로 제사 의식을 맡았어요. 크샤트리아는 정치와 군사를, 바이샤는 농업과 상업, 수공업을 도맡았어요. 마지막으로 수드라는 왕과 무사의 노예였어요. 이러한 신분제를 '카스트 제도'라고 해요.

카스트 제도처럼 엄격한 신라의 신분 제도, 골품제

카스트 제도는 아주 엄격했어요. 태어나서 죽을 때까지 신분을 절대로 바꿀 수 없었어요. 신분이 다른 사람들과는 결혼도 할 수 없었고, 음식도 함께 먹을 수 없었어요. 그런데 더욱 놀라운 것은 노예인 수드라보다도 더 차별받는 사람들이 있었다는 거예요. 그들은 닿을 수 없는 가장 낮은 신분을 뜻하는 불가촉천민이에요. 인도 사람들은 그들과 닿기만 해도 몸과 마음이 더러워진다고 생각했어요. 그래서 높은 카스트에 속한 사람들이 불가촉천민이 준 음식을 먹었을 경우 용서를 비는 속죄 의식을 해야 했어요.

우리나라에도 카스트 제도처럼 엄격한 신분 제도가 있었어요. 바로 **신라 시대 때 있었던 골품제**예요. 골품은 '뼈의 등급'이란 뜻이에요. 뼈(핏줄)에 따라 신분에 차이를 둔다는 뜻이지요. 신라 사람들은 골품에 따라 올라갈 수 있는 벼슬이 이미 정해져 있었어요. 골품에 따라 입을 수 있는 옷과 사는 집의 크기, 탈 수 있는 수레 크기가 정해졌어요. 여자들이 쓰는 장식용 빗을 만드는 재료까지 엄하게 제한했어요.

신라에서는 이러한 골품제에 불만을 품은 사람들이 점점 늘어났어요. 설계두라는 사람은 친구들과 만난 자리에서 "신라는 사람을 뽑을 때 골품을 따지기 때문에 큰 재주와 공이 있어도 그 한계를 뛰어넘을 수 없다."라고 말한 뒤, 당나라로 가서 군인이 되었어요.

불교가 탄생하고 널리 퍼져 나갔어요

브라만교의 차별에 반대했어요

브라만교는 제사 의식이 점점 더 복잡해지고 까다로워졌어요. 브라만 사제 말고 다른 사람은 절대 제사를 이끌 수 없었지요. 그러면서 브라만은 힘이 점차 커져 갔어요. 이에 불만을 갖는 사람들이 생겼어요. 바로 크샤트리아와 바이샤예요.

인더스 문명과 불교의 탄생

크샤트리아는 전쟁에서 큰 역할을 하면서 자신의 세력을 키워 나갔어요. 아리아 인이 인도에 정착한 뒤 16개 나라가 생기고 나라마다 더 많은 땅을 차지하려고 전쟁을 자주 했거든요.

또한 상업이 발달하면서 바이샤 계급도 성장했어요. 그들은 모두 브라만 계급이 힘이 세지는 걸 못마땅하게 생각했어요. 새로운 사회를 원했지요. 그때 새로운 종교인 불교가 생겼어요.

보리수나무 아래에서 깨달았어요

갠지스 강 유역에 있던 한 왕국에 싯다르타라는 왕자가 태어났어요. 그는 풍족한 삶을 살다가, 어느 날 병든 사람과 노인, 고통 받는 사람들을 보았어요. 그리고 그때부터 어떻게 하면 인간이 고통에서 벗어날 수 있을까 고민했어요. 그는 궁궐 밖으로 나가 여러 가지 힘든 일을 겪으며 깨달음을 얻었고, 마침내 부처(깨달은 사람)가 되었답니다.

싯다르타는 보리수나무 아래에서 깨달음을 얻고 이렇게 말했어요. "인간은 욕심과 이기심을 버려야만 고통에서 벗어날 수 있다.", "브라만교가 많은 재물을 바치는 것은 부질없는 일이다.", "모든 사람이 평등하니 카스트 제도는 잘못된 것이다." 이러한 불교의 가르침은 많은 인도인에게 사랑을 받았어요.

인더스 문명과 불교의 탄생

인도를 통일한 마우리아 왕조

영토를 넓히기 위해 싸운 16개 나라는 어떻게 되었을까요? 그중에 힘이 센 두 나라가 등장했어요. 코살라 왕국과 마가다 왕국이에요. 처음에는 코살라 왕국이 힘이 가장 셌어요. 교통과 상업이 발달한 갠지스 강 중간에 있었기 때문이에요. 그러나 얼마 뒤 상황이 뒤바뀌었어요. 마가다 왕국이 농업과 상업을 발전시키고 철로 만든 무기를 든 군사를 보내 갠지스 강 주변 대부분을 차지했거든요.

하지만 얼마 뒤, 마가다 왕국도 위기를 맞이했어요. 알렉산드로스 대왕이 이끄는 마케도니아 군대가 쳐들어왔기 때문이에요. 마가다 왕국은 그들을 막지 못하고 혼란에 빠졌어요. 이 틈에 인도 북부 지역을 통일한 나라가 등장했어요. 바로 찬드라 굽타가 세운 마우리아 왕조예요.

인더스 문명과 불교의 탄생

불교로 나라를 평화롭게 다스렸어요

마우리아 왕조는 영토를 점점 늘려 인도 대부분을 차지했어요. 찬드라 굽타의 손자인 아소카 왕은 많은 전쟁을 치르면서 영토를 넓혔어요. 하지만 아소카 왕은 전쟁에서 이겨도 조금도 기쁘지 않았어요. 10만 명이 넘는 사람들이 죽었기 때문이에요. 그는 자신이 일으킨 전쟁 때문에 많은 사람이 죽고 다치는 모습을 보고 깊이 뉘우쳤어요. 그리고 평화로운 방법으로 나라를 다스리겠다고 결심했어요. 아소카 왕은 불교 신자가 되어 도덕과 불교의 가르침으로 나라를 다스렸어요.

불교가 널리 알려졌어요

아소카 왕은 자신의 결심을 새긴 돌기둥을 인도 곳곳에 세웠어요. 그리고 관리들에게 법과 도덕을 잘 지키는 백성에게 상을 내리라고 했어요. 백성을 위해 병원과 정원, 공동 우물과 같은 시설물을 만들고, 가난한 농민에게는 돈을 빌려 주기도 했지요. 동물을 바치고 제사를 지내는 브라만교의 의식은 금지했어요. 대신에 아픈 동물을 치료해 주는 병원을 세웠답니다. 그 당시 동물 병원이 있었다니 놀랍지요?

불교를 깊이 믿게 된 아소카 왕은 불교와 관계가 있는 성지를 찾아다니며 그곳에 불탑을 세웠어요.

산치 대탑
기원전 3세기 무렵 아소카 왕이 세운 커다란 탑이에요.

인더스 문명과 불교의 탄생

또한 흩어졌던 불교 경전을 모아 정리하고 책으로 펴냈어요. 불교를 알리기 위해 곳곳에 사람을 보냈지요. 지금의 스리랑카인 실론 섬에도 왕자를 보내 불교를 전했어요.

아소카 왕의 불심을 정성으로 새기겠습니다.

아소카 왕 석주

아소카 왕이 곳곳에 세운 돌기둥의 윗부분이에요.
불교를 발전시킨 아소카 왕의 노력과 바른 생활 규범을 새겼어요.

동서 교역로를 차지했어요

인도 서북쪽을 다시 통일한 쿠샨 왕조

마우리아 제국은 아소카 왕이 죽은 뒤에 힘이 점점 약해졌어요. 아소카 왕 때 하나가 되었지만, 지역마다 화폐와 언어가 달라서 완전한 통일을 이루지 못했기 때문이에요. 또 군대와 여러 시설을 유지하는 데 돈이 많이 들어가서 상인과 농민들에게 세금을 많이 거둬들였어요. 그러니 날이 갈수록 백성들은 불만이 쌓였어요.

인더스 문명과 불교의 탄생

그 무렵 인도 서북부 지역에 여러 민족들이 들어와 각자 나라를 세우며 경쟁했어요. 그중 하나가 쿠샨 족이에요. 그들은 힘을 키워 인도 서북쪽을 차지하고 나라를 세웠어요. 이 나라를 '쿠샨 왕조'라고 해요. 쿠샨 왕조는 중국과 로마를 잇는 비단길에 중요한 곳을 차지했어요. 그 덕분에 중계 무역으로 잘살게 되었어요. 그곳을 오가는 상인들에게 통행세를 받기도 했지요.

★**쿠샨 족** 중앙아시아에 살던 이란 계통의 유목민이에요.

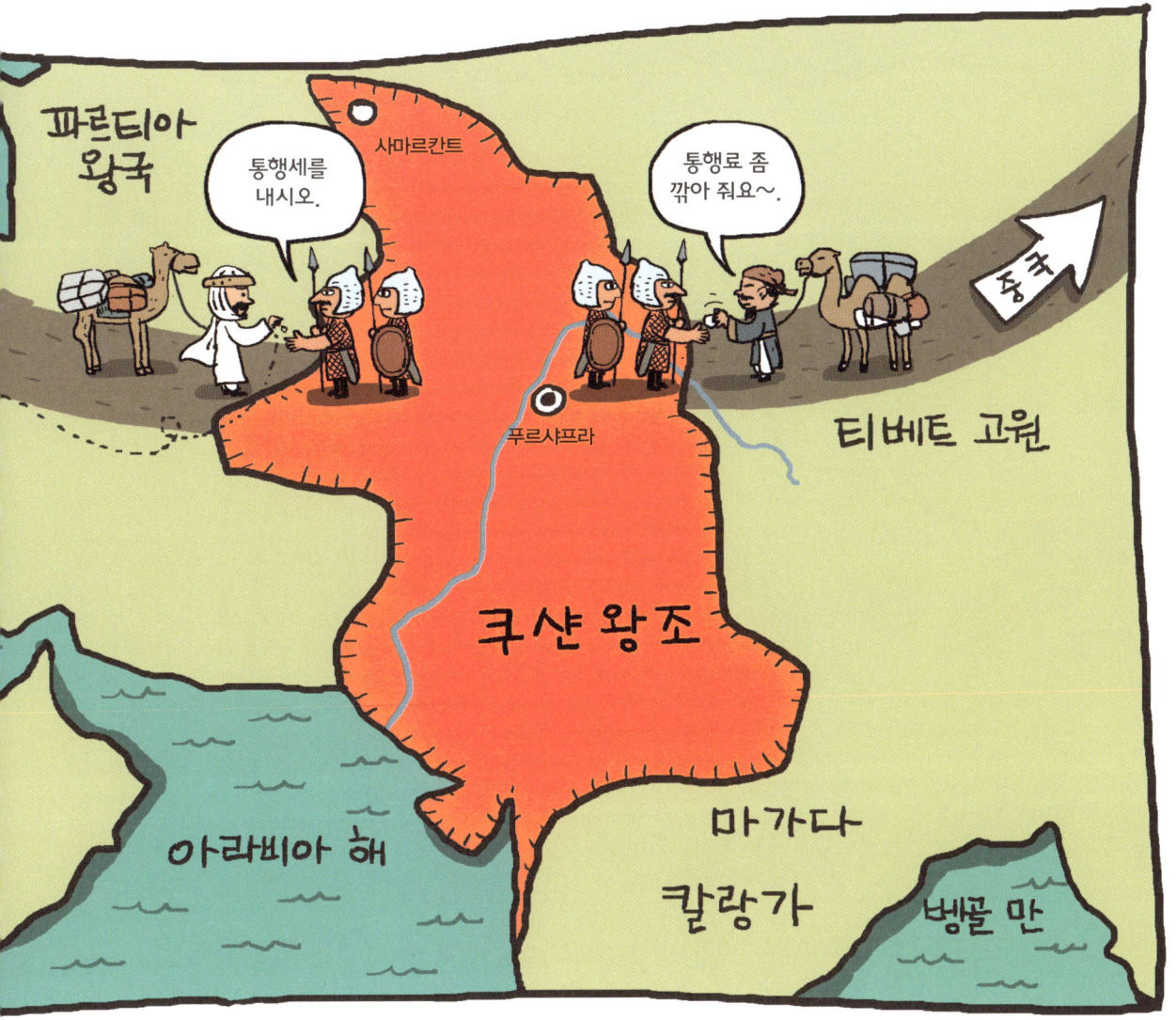

나와 남이 함께 깨달아요

쿠샨 왕조의 카니슈카 왕도 아소카 왕처럼 열렬한 불교 신자였어요. 그래서 승려들을 궁전에 불러 모아 불교 경전을 자유롭게 연구하도록 했어요. 수도에 큰 절을 세우고 불탑도 많이 지었지요. 그런데 불교에 변화가 생겼어요. 부처의 가르침을 이해하고 실천하는 방법에 대해 사람마다 생각이 달랐기 때문이에요.

인더스 문명과 불교의 탄생

이전의 불교에서는 승려가 되어 스스로 깨달음을 얻는 것을 중요하게 여겼어요. 그런데 점점 더 많은 사람이 부처의 가르침을 따르기 시작했고, 그들도 깨달음을 얻는 것이 중요하다고 생각한 거예요. 이것을 '대승 불교'라고 해요. 대승이란 많은 사람이 함께 수레에 탄다는 뜻이에요.

불상을 만들었어요

처음 불교에서는 불상을 만들지 않았어요. 그 대신 보리수나 수레바퀴, 부처의 발바닥 모양으로 부처를 표현했어요. 그러다가 그리스의 조각 기술이 전해지면서 부처를 인간의 모습처럼 불상으로 만들기 시작했어요. 불상을 처음 만든 곳은 인도 서북부에 있는 간다라 지방이에요. 이 지방에서 처음 만든 불상은 곱슬머리에 주름이 많은 옷을 입고 있어요. 그 모습은 인도 사람보다는 그리스 사람을 더 닮았어요. 그리스 인에게 조각 기술을 배웠기 때문이지요.

간다라 불상

우리나라까지 전해진 불상 제작 기술

쿠샨 왕조 때 불상을 만들게 되면서 이후 불교를 받아들인 나라들도 불상을 만들었어요. 우리나라도 예외는 아니었지요. 불교가 처음 전해진 삼국 시대부터 불상을 세웠어요. 나무, 돌, 청동, 철 등 재료도 아주 다양하지요. 불상하면 경주 토함산에 있는 석굴암이 유명해요. 이 시대에는 동굴에 불상을 놓는 것이 유행이었나 봐요. 인도와 중국에서도 같은 양식으로 만든 불상이 있거든요. 인도의 아잔타 석굴과 중국의 윈강·룽먼·둔황 석굴 등을 꼽아요.

석굴암은 경덕왕 때 김대성이 만들었어요. 김대성은 당시 신라에서 임금 다음으로 높은 벼슬인 재상이었어요. 그는 전생의 부모님을 위해 석굴암을 만들었다고 해요.

그런데 지금 우리가 보는 석굴암은 김대성이 만든 모습 그대로가 아니에요. 왜냐고요? 일제 강점기 때 일본이 석굴암을 고친다면서 본래 모습을 훼손해 버렸거든요. 동굴 바깥벽에 시멘트를 1미터 두께로 발라 공기가 통하지 않게 만들었어요. 또 지하수가 흐르는 물길을 막아 동굴 벽 안쪽에 물이 맺히게 되었어요. 지금은 습기를 막기 위해서 유리로 벽을 만들어 놓았답니다. 참 안타까운 일이지요.

석굴암 본존불상

기원전 2500년 무렵, 중국의 황허 강 물줄기를 따라 사람들이 모여 살기 시작했어요. 이 강을 젖줄 삼아 일찍부터 농사와 가축 기르기 등 생산 기술이 발달했지요. 그러면서 국가가 생겨나고 차츰 청동기와 철기를 사용하면서 발전했어요. 그러면서 나라가 커지고 또 나뉘기도 했지요. 마침내 중국을 처음으로 통일한 진나라, 그에 이어 오늘날 중국 문화의 바탕이 된 한나라가 세워졌지요. 자, 그럼 아주 오래 전 중국에서 어떤 일이 일어났는지 한번 둘러볼까요?

황허 문명과 중국의 역사

황허 강에서 꽃핀 중국 문명

중국에서 문명이 발생했어요

중국에서도 다른 지역과 마찬가지로 큰 강 주변에서 문명이 발생했어요. 대표적인 곳이 황허 강이에요. 황허 강은 중국 서북쪽에 있는 높은 산과 고원을 지나 동쪽으로 흐른답니다. 영양분이 많고 부드러운 흙이 강 주변에 많이 쌓여 조와 수수 같은 곡식을 키우기에 좋은 곳이죠. 그래서 이곳에 터를 잡고 농사짓는 사람들이 점점 늘어갔어요.

황허 문명과 중국의 역사

그런데 다른 문명 지역과 마찬가지로 물이 쉽게 넘쳐 큰 피해를 입곤 했어요. 이 문제를 해결한 사람이 '우'예요. 그는 홍수를 막기 위해 무조건 둑을 쌓기보다는 물이 잘 흘러갈 수 있도록 물길을 내었어요. 지혜롭게 홍수를 해결했지요. 우는 그 공을 인정받아 왕위를 물려받고 임금이 되어 나라를 세웠어요. 사람들은 물길을 잘 다스리는 우임금 덕분에 곡물을 더 많이 거두어들였어요. 그래서 우임금을 잘 섬겼지요.

상나라가 중국 최초의 국가로 인정받았어요

상나라는 황허 강 유역에 세워진 중국 최초의 국가예요. 역사학자 사마천은 우임금이 세운 하나라가 중국 최초의 국가라고 역사책에 썼지만, 유적과 유물이 확실히 발견되지 않아 현재는 인정받지 못하고 있어요. 상나라도 처음에는 최초의 국가로 인정받지 못했어요. 그런데 상나라 때 유물인 갑골 문자가 발견되어 국가로 인정을 받았지요. 상나라 수도인 은허도 제 모습을 알게 되었어요.

황허 문명과 중국의 역사

상나라를 세운 사람은 탕왕이에요. 그는 포악하고 사치스러운 하나라 걸왕을 쫓아내고 나라를 세웠어요. 상나라는 약 550년 동안 이어졌는데 그동안 수도를 여러 차례 옮겼어요. 상나라 때 마지막 수도는 은허예요. 그래서 이 나라를 '은나라'라고 부르기도 해요.

점을 쳐서 나랏일을 결정했어요

상나라 사람들은 하늘에 있는 신이 인간의 모든 미래를 결정한다고 믿었어요. 그래서 중요한 나랏일을 결정할 때 신의 뜻을 알기 위해 하늘에 제사를 지냈어요. 제사를 지낼 때에는 청동기로 만든 커다란 솥을 제단에 놓고 수많은 짐승과 노예를 제물로 바쳤어요. 또 동물 뼈나 거북 등껍질을 불로 지져 점을 치고 점괘를 기록했어요.

그런데 점을 치는 것보다 점괘를 풀이하는 것이 더 중요했어요. 그래서 왕이 그 일을 맡았어요. 이렇게 상나라 왕은 정치와 제사를 모두 담당했지요. 이것을 '신정 정치'라고 해요.

고구려와 신라에 순장이 있었어요

왕이나 귀족이 죽었을 때, 신하나 종들이 뒤따라 스스로 목숨을 끊거나 강제로 죽여서 시신과 함께 묻는 것을 순장이라고 해요. 순장은 신분 제도가 생기면서 세계 곳곳에서 나타난 장례 풍습 중 하나예요. 지배층은 죽은 뒤에도 삶이 이어진다고 믿었어요. 그래서 죽은 뒤에도 자신들이 거느리던 사람이 필요하다고 생각했던 것 같아요.

중국 상나라 수도인 은허에서 발견된 왕릉에는 200명쯤 순장을 했던 흔적이 남아 있어요. 우리나라의 역사책인 〈삼국사기〉를 보면 고구려와 신라 때도 순장을 했다고 나와요. 고구려에서는 "동천왕이 죽자 온 나라가 슬퍼했고, 왕을 따라 죽어 함께 묻히려는 신하가 많아, 중천왕(동천왕의 아들)이 이를 금지했다. 하지만 장사하는 날에 무덤에 와서 스스로 죽는 자가 많았다."라고 쓰여 있어요. 스스로 순장을 선택한 사람도 있지만 대부분은 억지로 땅에 묻혔다고 해요. 한편 신라에서는 "국왕이 죽으면 남녀 각각 다섯 명씩을 순장하는 풍습이 있었다."라고 전해져요. 그 뒤 신라 지증왕 때 순장을 없앴어요. 사람의 생명을 소중하게 생각하게 되었고 또 너무 많은 사람이 죽으면 나라가 힘이 약해지기 때문이에요.

하늘의 명령보다 사람이 더 중요해요

하늘의 뜻에 따라 세워진 주나라

상나라의 마지막 임금인 주왕은 달기라는 여자에게 빠져 나라를 돌보지 않았어요. 충신들이 정치에 힘써 달라고 말했지만 듣지 않았어요.

그러자 사람들이 하나둘 상나라에 등을 돌렸어요. 이 소식을 들은 주나라 무왕은 "포악한 정치를 일삼은 상나라 대신 하늘이 주나라에 명을 내렸다."라고 하며 상나라를 멸망시켰어요.

황허 문명과 중국의 역사

주나라는 수도를 호경으로 옮기고, 하늘의 아들이라는 뜻으로 왕을 '천자'라고 했어요. 주나라 사람들은 하늘에서 명을 받은 사람만 천자가 될 수 있다고 생각했어요. 어떤 사람이 하늘로부터 명을 받을까요? 바로 덕이 있는 사람들이에요. 아무리 천자의 자손이라도 덕이 없으면 하늘의 명을 잃어버리고, 나라를 다스리는 권리가 다른 사람들에게 넘어간다고 생각했어요.

봉건제가 뭐예요?

주나라 땅은 양쯔 강 일대까지 넓어졌어요. 그런데 주나라의 천자는 모든 지역을 직접 다스리지 않았어요. 일부만 직접 다스리고 나머지 지역은 왕의 형제나 친척, 신하들을 제후로 임명해서 다스리도록 했어요. 제후들은 땅을 받은 대가로 왕에게 세금을 바치고 전쟁이나 반란이 일어나면 군대를 보냈어요. 이 제도를 '봉건제'라고 해요.

황허 문명과 중국의 역사

시간이 지나면서 주나라 왕실과 제후들 사이가 점차 멀어졌지요. 그때 주나라에 큰 사건이 일어났어요. 북쪽에서 견륭이라는 유목민이 쳐들어온 거예요. 주나라 왕실은 수도를 옮길 수밖에 없었어요. 그 뒤 주나라 왕실은 권위가 점점 약해지고 제후들은 힘이 세졌어요. 이 시기를 '춘추·전국 시대'라고 해요.

★**제후** 봉건 시대에 땅을 가지고 그 안에 사는 백성을 지배하던 사람이에요.

철기를 사용했어요

춘추·전국 시대에는 전쟁이 끊이지 않았어요. 그래서 철로 만든 무기를 개발했어요. 철제 무기는 돌이나 청동으로 만든 무기보다 훨씬 더 강력했어요. 철로 농기구도 만들었어요. 돌이나 나무를 이용해 농사를 짓던 청동기 시대와 달리, 철로 만든 농기구 덕분에 농업 생산량이 크게 늘어났어요.

철로 만든 농기구로 농사를 지으니까 편하네.

황허 문명과 중국의 역사

농업 생산량이 늘면서 생활이 넉넉해졌어요. 수공업이 발달하고, 다른 지역과 만든 물건을 교환하는 상업도 발달했어요. 교환 수단으로 금속 화폐도 널리 쓰였어요. 사람마다 하는 일도 모두 달라서 모두 전문가가 되었어요. 농사를 짓는 농민, 물건을 만드는 수공업자, 물건을 파는 상인, 학문을 연구하는 사람인 사(士) 이렇게 네 가지 계층이 생겼어요.

혼란스러운 나라에 인재가 필요해요

춘추·전국 시대 각 나라는 힘을 키우기 위해 부국강병책을 썼어요. 그러기 위해서는 무엇보다 훌륭한 인재가 필요했어요. 그래서 제후들은 신분에 관계없이 능력 있는 인재들을 뽑았어요. 인재들은 저마다 나라를 잘 다스리는 방법에 대해 의견을 내놓았어요. 그 결과 여러 가지 사상들이 나왔어요. 유가, 도가, 법가, 묵가 등이 대표적인데 이 학문과 학자들을 '제자백가'라고 불러요.

★**부국강병책** 나라를 부유하게 하고 군대를 튼튼하게 하는 방법이에요.

황허 문명과 중국의 역사

"인과 예를 바탕으로 정치를 해야 합니다."
유가 - 공자

"모든 사람은 평등하니 차별 없이 세상을 다스려야 합니다."
묵가 - 묵자

"법으로 나라를 엄히 다스려야 합니다."
법가 - 한비자

"자연에 순응하며 살아야 합니다."
도가 - 노자

제자백가들은 각자 생각이 조금씩 달랐어요. 하지만 혼란스러운 춘추·전국 시대를 안정시키고 싶은 마음은 같았지요. 제자백가의 학자들은 현실적인 문제에 관심을 가졌으며, 신이 아닌 인간을 중심으로 생각하는 사상을 발전시켰어요.

167

진시황제, 하나 된 중국을 위하여

엄격한 법으로 다스렸어요

춘추·전국 시대를 통일한 것은 진나라예요. 진나라는 처음에 작고 힘없는 나라에 지나지 않았어요. 그들은 어떻게 힘을 키웠을까요? 먼저 법가 사상을 받아들였어요. 도덕보다 법을 중하게 여겨 엄한 형벌로 백성을 다스렸지요. 그리고 모든 백성들이 법 앞에서 평등한 대우를 받도록 힘썼어요. 전쟁에 나간 병사들이 공을 세우면 큰 상을 주기도 했어요. 군인들은 전쟁터에 나가 용감하게 싸웠고, 자연히 군대도 힘이 세졌어요.

황허 문명과 중국의 역사

진나라 시황제* 때는 주변의 경쟁국들을 차례로 물리치고, 처음으로 중국을 통일했어요. 그리고 넓어진 땅을 군과 현으로 나누어 그곳에 관리를 보내 나라를 다스렸어요. 이것을 '군현제'라고 해요.

★**시황제** 중국 역사에서 처음으로 황제라는 호칭을 사용해서 이렇게 불러요.

진나라의 중국 통일

단위를 하나로 통일했어요

진시황제는 늘어난 영토와 백성을 잘 다스리기 위해 여러 가지를 하나로 통일했어요. 먼저 수도를 중심으로 다른 지역으로 연결된 도로를 만들고, 그 위를 달리는 수레의 폭을 통일했어요. 덕분에 각 지역에서 세금을 쉽게 거두었고, 반란이 일어났을 때 즉시 달려가 진압도 했지요.

황허 문명과 중국의 역사

화폐 통일 여러 화폐를 반량전으로 통일했어요.

포전 도전 반량전

또한 나라마다 달랐던 화폐와 문자를 하나로 정했어요. 길이, 무게, 부피를 재는 단위인 도량형도 통일했고요. 똑같은 화폐와 도량형을 사용하니 교류가 늘고 상업이 발전했어요. 특히 같은 문자를 쓰니 나라의 법을 백성들에게 잘 전달할 수 있게 되었지요. 이렇게 해서 중국은 하나가 되었어요.

★**도량형** 길이, 무게, 부피 따위의 단위를 재는 법을 말해요.

도량형 통일 되의 크기, 추의 무게를 통일했어요.

곡식의 양을 재는 되   무게를 재는 추

'말'을 뜻하는 '마(馬)' 자가 모두 다르네?

문자 통일 나라마다 다른 문자를 통일했어요.

한나라 / 연나라 / 진나라 / 초나라 / 제나라 / 위나라 / 월나라 → 馬

진시황제에게 불만이 생겼어요

진시황제가 만든 군현제 등 여러 가지 제도는 이후 중국에 세워진 나라에 이어졌어요. 하지만 진나라는 오래 가지 못했지요. 중국을 통일한 지 15년 만에 멸망했거든요. 왜 그랬을까요? 너무나 강압적인 방법으로 나라를 다스렸기 때문이에요.

황허 문명과 중국의 역사

진시황제는 자신의 힘을 키우는 데 필요한 법가 말고 다른 사상은 인정하지 않았어요. 그래서 책을 모조리 불태우고 자신과 생각이 다른 학자들을 산 채로 구덩이에 묻기까지 했어요. 호화로운 궁전인 아방궁, 거대한 무덤, 만리장성 등을 만들 때도 백성들에게 강제로 일을 시켰어요. 백성들은 진시황제에게 불만이 쌓여 갔어요.

중국의 문화가 발전했어요

유방이 중국을 다시 통일했어요

진나라가 멸망한 뒤, 초나라 왕 항우와 한나라 왕 유방이 다툼을 벌였어요. 항우는 대대로 장군을 지낸 귀족 집안에서 태어난 사람이었어요. 유방은 농민 출신이고요. 처음에는 항우가 훨씬 힘이 셌지만, 마지막에 이긴 사람은 유방이었어요. 유방 주변에는 훌륭한 장군들이 많았기 때문이에요. 유방은 항우를 물리치고 중국을 차지했어요.

황허 문명과 중국의 역사

유방은 나라를 세운 지 얼마 안 되어, 공신과 지방 세력들이 반발을 할까 봐 걱정했어요. 그래서 중앙에서는 진나라 때의 군현제를 이어가고, 그밖의 지역에서는 봉건제를 실시했어요. 이것을 '군국 제도'라고 해요. 그는 백성을 위한 정책도 펼쳤어요. 무시무시한 형벌을 없애고, 백성들의 세금을 줄여 주면서 그들이 편안하게 살도록 했어요.

★**공신** 나라에 큰 공을 세운 신하를 말해요.

잘 가시게, 항우. 당신은 훌륭한 장군이었소.

무제가 한나라를 전성기로 이끌었어요

한나라는 무제가 다스리던 때에 크게 발전했어요. 그는 군현제를 전국에 걸쳐 실시하고, 관리를 보내 그 지역을 직접 다스렸답니다. 또 군사력을

키워서 주변 나라들을 물리치고 넓은 영토를 차지했지요.

그런데 전쟁을 많이 해서 나라에 돈이 별로 없었어요. 무제는 소금, 철, 술 등을 나라에서만 팔도록 해서 나라에 필요한 돈을 모았어요. 또 지방마다 나는 특산물을 세금으로 거두고, 그 물품이 부족한 지역에 팔아 이익을 남겼어요. 덕분에 나라 살림에 필요한 돈도 벌고 물가도 안정시켰어요.

중국의 비단이 로마까지

한나라 때에도 유목 민족인 흉노가 자주 쳐들어왔어요. 한나라는 힘이 센 흉노를 막아내지 못했지요. 어쩔 수 없이 흉노의 왕에게 공주를 시집보내고 예물도 듬뿍 보냈어요. 하지만 흉노는 침략을 멈추지 않았어요. 무제는 다른 나라에 도움을 청해 흉노를 칠 계획을 세웠어요. 때마침 서쪽에 있는 대월지라는 나라가 흉노를 원수처럼 여긴다는 소식을 듣게 되었어요. 무제는 그들과 힘을 합치기 위해 장건이라는 사람을 보냈어요.

황허 문명과 중국의 역사

장건은 대월지로 가다가 흉노에게 붙잡혀
그곳에 살게 되었어요. 그는 10년 만에
그곳을 탈출해 대월지로 갔어요. 대월지
사람들에게 흉노를 함께 물리치자고 했지만
그들은 그럴 생각이 없었어요. 장건의 노력은 성과를 거두지
못했지만 그 덕분에 서쪽으로 가는 길이 열렸어요. 이후 이 길을 통해
중국 비단이 로마까지 전해졌어요. 그래서 '비단길'이라고 불러요.

아휴~ 힘들어.
대체 비단길을 누가
만든 거야?

장건이래요.
장건~.

179

유교를 열심히 공부했어요

한나라 황제들은 진나라가 빨리 망한 것을 보고 무슨 생각을 했을까요? 진나라처럼 백성을 다스리면 안 되겠다고 생각한 모양이에요. 그래서 유학˙을 선택했어요. 유학은 부모에게 효도하고 나라에 충성하는 것을 으뜸으로 여긴 학문이에요.

무제는 유학을 바탕으로 나라를 다스리고자 했어요. 그래서 유학을 널리 가르치기 위해 태학이라는 학교도 세웠지요. 유학 지식이 풍부하고 성적이 우수한 학생을 관리로 뽑기도 했어요. 학생들은 관리가 되기 위해 유학을 열심히 공부했어요. 유교는 사람들의 일상생활에서 중요한 예절이 되었고, 점차 중국 문화의 상징이 되었어요.

★**유학** 중국의 공자가 만든 학문이에요. 완전한 덕과 예를 중시해요.

> 덕이 있는 사람은 외롭지 않나니 반드시 이웃이 있다.

> 어진 사람은 인을 편하게 여기고 지혜가 있는 사람은 인을 이롭게 여긴다.

태학

채륜이 새로운 방법으로 종이를 만들었어요

한나라 때 세계적 발명품인 종이가 만들어졌어요. 사람들은 종이가 없을 때 어디에 글씨를 썼을까요? 대나무로 만든 죽간이나 비단에 글을 썼어요. 그런데 죽간은 두껍고 무거워서 옮기거나 보관하기에 어려웠고, 비단은 값이 무척 비쌌어요. 이를 해결하려는 노력 끝에 종이를 좀 더 쉽게 만들게 되었어요. 채륜은 나무껍질과 낡은 옷감을 물에 불리고 삶아서 섬유질을 뽑아내어 종이를 만들었어요. 적은 돈을 들여 값 싸고 질긴 종이를 만드니 쓰는 사람이 많아졌지요.

그 덕분에 책을 많이 만들고 학문과 문화가 발전하게 되었어요.

세계사 놀이터

이것은 세계 여러 나라의 문명 지도예요. 문명은 살기 좋은 강 주변을 따라 발생했지요? 그런데 강에 꽂혀 있는 깃발에 문명 이름이 지워져 있네요. 여러분이 각 강에 맞는 문명 이름을 써 넣어 보세요.

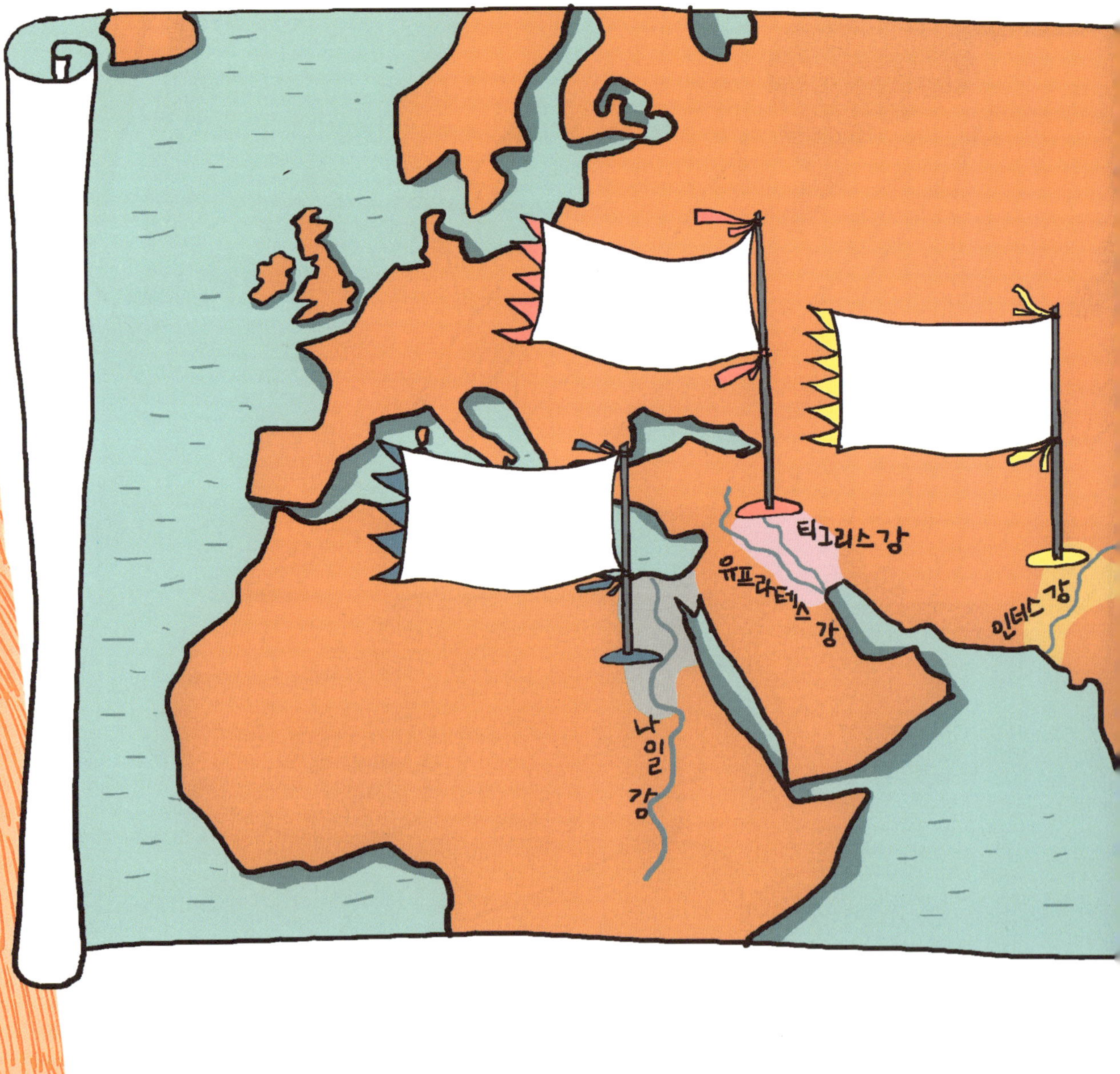

정답

▼ 46~47쪽

▼ 74~75쪽

▼ 122~123쪽

▼ 150~151쪽

▼ 182~183쪽

《그림으로 보는 세계사》 시리즈는
전 5권입니다.

1권	고대 이야기
2권	중세 이야기
3권	근세 이야기
4권	근대 이야기
5권	현대 이야기

《그림으로 보는 한국사》도
함께 읽어요!

그림으로 보는 세계사

고대부터 현대까지

한국사 연도	한국사	세계사 연도	세계사
		46억 년경	지구 탄생
70만 년경	구석기 문화	390만 년경	최초의 인류 등장
8000년경	신석기 문화	3500년경	메소포타미아 문명 시작
		3000년경	이집트 문명 시작
		2500년경	중국 문명, 인더스 문명 시작
		1800년경	함무라비 왕, 메소포타미아 통일 / 함무라비 법 만듦.
2333	고조선 건국	800년경	인도 브라만교 성립 / 카스트 제도
2000~1500년경	청동기 문화 보급	770년경	중국, 춘추 시대 시작
		753년	로마 건국
		671년경	아시리아, 서아시아 지역 통일
		624년경	불교 창시자, 고타마 싯다르타(석가모니) 탄생
		551	중국에서 유교의 창시자, 공자 탄생
		525	페르시아, 서아시아 지역 통일
400년경	철기 문화 보급	509	로마, 공화정 시작
		334	알렉산드로스 대왕, 동방 원정
		321	인도 마우리아 왕조 성립
		264	로마, 포에니 전쟁 시작
		221	진(秦)나라, 중국을 최초로 통일
		202	유방, 한나라 건국
194	위만, 고조선의 왕이 됨	133년경	로마, 그라쿠스 형제가 개혁 시도
108	고조선 멸망, 한 군현 설치		로마, 제정 시작
57	신라 건국	27	
37	고구려 건국	25	중국, 후한 건국
18	백제 건국	45년경	인도, 쿠샨 왕조 성립
		220	중국 후한 멸망, 삼국 시대(~280)
313	고구려, 낙랑군 멸망시킴.	280	진(晉)나라, 중국 통일
		313	로마, 크리스트교 공인(밀라노 칙령)
		316	중국, 5호 16국 시대
		320	인도, 굽타 왕조 성립
372	고구려, 불교 전래. 태학 설치	375	게르만 족, 대이동 시작
384	백제, 동진에서 불교를 받아들임	395	로마 제국, 동·서로 분열
405	백제, 일본에 한학을 전함.	476	서로마 제국 멸망
427	고구려, 평양 천도	486	프랑크 왕국 건국
433	나·제 동맹 성립	529	비잔티움 제국, 유스티니아누스 황제 (로마법 대전)을 펴냄
503	신라, 국호와 왕호를 정함.	570년경	이슬람교의 창시자, 무함마드 탄생
538	백제, 도읍을 사비성으로 옮김.	589	수나라, 중국 통일
612	고구려, 살수 대첩	610	무함마드가 이슬람교 창시.
		618	수나라에 이어 중국, 당나라 건국
		622	무함마드, 메카에서 메디나로 옮김(헤지라: 이슬람 기원 연년) 이슬람력 원년
		645	일본, 다이카 개신
660	백제 멸망	661	이슬람, 우마이야 왕조 성립
668	고구려 멸망	710	일본, 나라 시대(~794)
676	신라, 삼국 통일	750	이슬람, 아바스 왕조 성립(~1258)
698	발해 건국	771	카를루스 대제, 프랑크 왕국 통일
		794	일본, 헤이안 시대(~1185)
		800	카를루스 대제, 서로마 제국의 황제 대관
		843	베르됭 조약(서프랑크, 동프랑크, 중프랑크 왕국으로 갈라짐.)
900	견훤, 후백제 건국	907	중국, 당나라 멸망/ 5대 10국 시작
901	궁예, 후고구려 건국	916	거란 건국(946 국호를 '요'라고 함.)
918	왕건, 고려 건국		
926	발해 멸망	960	중국, 송나라 건국
935	신라 멸망	962	신성 로마 제국 성립
936	고려, 후삼국 통일	1037	셀주크 튀르크 건국
		1054	크리스트교, 동·서로 분열(로마 가톨릭과 그리스 정교로 갈라짐.)
		1096	십자군 전쟁(~1270)
		1115	일본, 가나라 건국
		1125	금나라가 요나라를 멸망시킴.
		1127	북송 멸망, 남송 시작
1145	김부식, 《삼국사기》 편찬	1192	일본, 가마쿠라 막부 성립
1170	무신 정변	1206	칭기즈 칸, 몽골 통일
1231	몽골의 제차 침입	1215	영국, 대헌장 제정
1232	강화 천도	1271	쿠빌라이 칸, 원나라 건국
1234	금속 활자로 《상정고금예문》 간행	1279	남송 멸망, 원이 중국 통일
1236	고려 대장경 새김(~1251)	1299	오스만 제국 건국(~1922)/ 마르코폴로, (동방견문록)
1270	개경 환도, 삼별초의 대몽 항쟁	1309	교황, 프랑스 아비뇽에 유폐(~1377)
1274	여·원 연합군의 일본 정벌	1337	영국·프랑스, 백 년 전쟁(~1453)
1359	홍건적의 침입(~1361)	1347	유럽, 흑사병 유행
1376	최영, 왜구 격퇴	1368	중국, 명나라 건국
1377	《직지심체요절》 인쇄	1378	교회의 대분열(~1417)
1388	위화도 회군	1405	명나라, 정화의 항해(~1433)
1392	고려 멸망, 조선 건국	1429	잔 다르크, 영국군 격파

연도	한국사	연도	세계사
1394	한양 천도	1453	비잔티움 제국 멸망
1418	세종 즉위	1492	콜럼버스, 아메리카 항로 발견
1446	훈민정음 반포	1498	바스쿠 다 가마, 인도 항로 발견
1485	《경국대전》 완성	1502	이란, 사파비 왕조 성립(이란 북부)
		1517	루터의 종교 개혁
		1526	인도, 무굴 제국 성립
		1536	칼뱅의 종교 개혁
1592	임진왜란(~1598), 한산도 대첩	1588	영국, 에스파냐의 무적함대 격파
1609	일본과 기유약조 체결	1600	영국, 동인도 회사 설립(엘리자베스 1세, 아시아 진출)
1623	인조반정	1603	영국, 에도 막부 성립
1627	정묘호란	1616	중국, 후금(청) 건국(~1911)
1636	병자호란	1618	독일, 30년 전쟁(~1648)
		1642	영국, 청교도 혁명(~1649)
		1644	명나라 멸망, 청나라가 베이징을 점령
		1688	영국, 명예혁명
		1701	프로이센 성립
		1740	오스트리아 왕위 계승 전쟁(~1748)
		1762	프랑스, 루소 《사회 계약론》 발표(근대 시민 의식을 일깨움)
		1776	미국, 독립 선언
		1789	프랑스 혁명, 인권 선언 발표
		1804	프랑스, 나폴레옹 대관식
		1840	청·영국, 제1차 아편 전쟁(~1842)
		1848	프랑스, 2월 혁명(공화정 수립)
		1851	청, 태평천국 운동(~1864)
		1854	미·일 화친 조약 체결
		1856	제2차 아편 전쟁
		1857	인도, 세포이 항쟁(~1858)
		1858	인도, 영국 식민 통치 시작
1861	김정호, 대동여지도 만듦	1861	미국, 남북 전쟁(~1865) / 청, 양무운동 시작
1863	고종 즉위, 흥선대원군 집권	1863	미국, 링컨이 노예 해방 선언
1865	경복궁 중건(~1872)	1868	일본, 메이지 유신
1866	병인박해, 병인양요	1869	이집트, 수에즈 운하 개통
1871	신미양요	1871	독일 통일
1875	운요호 사건	1894	청·일 전쟁(~1895)
1876	강화도 조약 체결	1912	청나라 멸망, 중화민국 성립
1882	임오군란, 미국과 통상 조약 체결	1914	제1차 세계 대전(~1918)
1883	영국, 독일 등과 통상 조약 체결	1917	러시아 혁명, 레닌이 혁명을 주도해 최초로 사회주의 국가 성립
1894	동학 농민 운동, 갑오개혁	1919	프랑스, 파리 강화 회의, 베르사유 조약 / 중국, 5·4 운동 / 인도, 간디가 비폭력 불복종 운동을 주도
1895	을미사변, 을미개혁	1920	국제 연맹 성립
1896	아관 파천, 독립 협회 설립	1921	중국, 공산당 결성
1897	대한 제국 성립	1929	미국, 대공황 발생
1910	국권 피탈, 조선 총독부 설치	1931	만주사변
1919	3·1 운동, 대한민국 임시 정부 수립	1933	미국, 뉴딜 정책 실시
		1937	중·일 전쟁(~1945), 난징 대학살
		1939	제2차 세계 대전(~1945)
1940	한국광복군 결성	1941	아시아·태평양 전쟁(~1945)
1945	8·15 광복	1945	독일 항복, 포츠담 선언, 국제 연합(UN) 성립 / 모스크바 3국 외상 회의
1948	5·10 총선거 실시, 대한민국 정부 수립	1948	북대서양 조약 기구(NATO) 성립
1950	6·25 전쟁	1949	국제 연합, 한국 파병 결의
1953	휴전 협정 조인	1950	인도차이나 비폭력 성립, 동남아시아 조약 기구(SEATO) 성립(~1977)
1960	4·19 혁명	1954	쿠바 혁명
1961	5·16 군사 정변	1959	소련, 유인 인공위성 발사 / 쿠바 봉쇄
1963	박정희 정부 성립	1961	베트남 전쟁(~1975)
1965	베트남 파병, 한·일 협정 조인	1965	중국, 문화 대혁명(~1976)
1966	한·미 행정 협정 조인	1966	제3차 중동 전쟁
1972	7·4 남북 공동 성명, 10월 유신	1967	중국·소련 국경 분쟁
1973	6·23 평화 통일 선언	1969	이란, 이슬람 혁명 / 소련, 아프가니스탄 침공
1979	10·26 사태, 12·12 사태	1979	이란·이라크 전쟁(~1988)
1980	5·18 민주화 운동	1980	영국·중국, 홍콩 반환 협정 조인
1981	전두환 정부 성립	1984	필리핀, 민주 혁명 / 소련, 체르노빌 원전 방사능 누출 사고
1985	남북 고향 방문단 상호 교류	1986	독일, 베를린 장벽 붕괴 / 중국, 톈안먼 사건
1987	6월 민주 항쟁	1989	독일 통일
1988	한글 맞춤법 고시, 노태우 정부 성립	1990	발트 3국(라트비아, 에스토니아, 리투아니아) 독립
1989	동유럽 국가와 수교	1991	걸프 전쟁 / 소련 해체
1990	소련과 국교 수립	1993	우루과이 라운드 타결 / 북미 자유 무역 협정 체결
1991	남북한 국제 연합 동시 가입	1994	이스라엘과 요르단, 평화 협정 체결
1992	중국과 국교 수립	1995	세계 무역 기구(WTO) 출범
1993	김영삼 정부 성립	1997	영국, 홍콩을 중국에 반환
1994	북한, 김일성 사망	1999	포르투갈, 마카오를 중국에 반환
1996	경제 협력 개발 기구(OECD) 가입	2001	미국, 9·11 세계 무역 센터 피폭
1998	김대중 정부 성립	2003	미·이라크 전쟁
2000	6·15 남북 공동 선언	2005	도쿄 의정서 발효
2003	노무현 정부 수립	2009	오바마, 미국 최초 흑인 대통령 취임